누가 포스트모더니즘을
두려워하는가?

데리다, 리오타르, 푸코를 교회로 데려오기

누가 포스트모더니즘을 두려워하는가?

: 데리다, 리오타르, 푸코를 교회로 데려오기

2023년 8월 17일 초판 1쇄 발행
2025년 1월 17일 초판 2쇄 발행

지은이 제임스 K. A. 스미스
옮긴이 설요한
펴낸이 김지호

도서출판 100
전 화 070-4078-6078
팩 스 050-4373-1873
소재지 경기도 파주시 아동동
이메일 100@100book.co.kr
홈페이지 www.100book.co.kr
등록번호 제2016-000140호

ISBN 979-11-89092-44-3 03230

차례

2023년 지금 우리는 인문학 위기를 넘어, 인문학 종언을 향해 가는 시대를 살고 있다. 연구자들은 설 자리를 잃고, 시간과 수고를 들여야 하는 인문학적 수련보다는 일회성 흥미를 유발하는 콘텐츠가 더 각광받고 있다. 특별히 깊은 사유의 기반이 되는 독서의 영역이 좁아지고 있는 현상은 현재 표면적으로 일고 있는 인문학 열풍과는 달리, 실제로는 위기에 처한 인문학의 현주소를 보여 주는 사례라고 할 수 있다. 이러한 위기는 신학에도 비슷하게 도래하고 있다. 시대의 위기를 극복하기 위해 지혜를 키워 가야 할 신학마저도 절대자를 위시한 고유한 진리에의 열망, 인문학자들마저 매료시킬 역사적 원천에 대한 탐구, 인간과 신의 화해를 향한 자유로운 사유의 실험보다는 실용적인 교회성장이나 교파주의를 강화하기 위한 방편으로 활용되는 경우가 많다.

이러한 위기 가운데, 인문학&신학연구소 에라스무스와 도서출판 100은 신학과 대화하는 인문학, 인문학과 대화하는 신학, 더 나아가서는 양자가 서로를 비판하고 전유하는 사유의 모험을 보여 주는 일련의 실험들을 〈에라스무스 총서〉라는 이름 아래 선보이고자 한다. 르네상스 인문주의를 대표하고, 종교개혁에도 지대한 영향을 미친 데시데리우스 에라스무스는 탄탄한 인문학적 사유를 기반으로 삼아 성서와 전통에 대한 풍요로운 이해를 보여 주었고, 교회를 존중하면서도 교회에 대한 신랄한 비판을 서슴없이 할 줄 알았던 세계인이었다. 그에게 철학을 비롯한 인문학은 일부 중세인들이 간주했던 것처럼 신학의 시녀가 아니었고, 일부 종교개혁의 후예들이 폄훼한 것처럼 신학의 장애물도 아니었다. 오히려 그는 탄탄한 인문학적 훈련과 사유를 겸비한 사람이었고, 그 속에서 성서 이해와 신학이 풍요롭게 발전할 수 있음을 알았으며, 이러한 인문주의적 신학을 그의 생애 동안 몸소 보여 주었다.

〈에라스무스 총서〉가 지향하는 바도 큰 틀에서 탁월한 인문주의자 에라스무스가 시도했던 모험을 따른다. 우리는 성서와 전통에 대한 협소한 교파주의적 이해나 일부 인문학자들이 보여 주는 신학 자체에 대한 무시 내지 몰이해를 넘어, 양자 간 자유로운 대화와 비판적 전유를 보여 주는 탁월한 연구자들의 성과를 총서 기획 속에 편입시켜 세상에 선보이고자 한다. 여기에는 저명한 외국 학자들의 작품은 물론이고 참신한 생각을 가진 국내 학자들의 성과가 함께 들어갈 것이며, 인문학적 사유가 탄탄하게 배어 있는 전문 학술서부터 독자들이 다소간 접근하기 쉬운 대중적인 학술서에 이르는 다양한 형태의 연구 성과들이 포함될 것이다. 이러한 시도는 인문학과 신학의 위기 속에서도 학문적 상상력과 인내 어린 성찰을 지속하려는 사람들의 작은 소망을 지켜 나가는 운동이 될 것이다. 인문학&신학연구소 에라스무스와 도서출판 100의 우정의 연대를 통해 시작한 이러한 기획이 꾸준하게 결실을 맺음으로써, 한국 사회와 교회 안에 새로운 이론적 성찰의 가능성을 제안하기를 간절히 염원한다.

인문학&신학연구소 에라스무스

도서출판 100

시리즈* 서문

근래 출현하는 '포스트모던' 회중에서 주류의 '선교적' 회중에 이르기까지, 최근 교회에서 일어나는 논의는 흥미롭게도 탈근대성과 연관된 철학적이고 이론적인 물음들을 붙들고 씨름하고 있다. 실제로, 포스트모던 이론의 발전(특히 '후기토대주의' 인식론의 물음들)은 복음주의, 주류 교단, 가톨릭 신앙 공동체 사이에 있던 이전의 장벽들을 허무는 데 기여했다고 주장할 수 있다. 포스트모더니즘의 '효과'와 연관된 후기자유주의는 새로운, 고백적 교회 일치 운동을 일으켰다. 이 운동에서 비교파적 복음주의 회중, 주류 개신교 교회, 가톨릭 교구 모두 포스트모더니즘이 제기하는 도전을 붙들고 씨름하면서, 교회의 형태를 다시 생각해 볼 **기회**로서 탈근대성이라는 문화에 기대고 있다.

이러한 정황은 현대철학과 비판이론이 '박차고 나갈' 흥미로운 기회를 제시한다. 말하자면, 포스트모던 이론이 교회의 실천—앞

● 이 책은 원래 Baker Academic에서 펴내는 〈The Church and Postmodern Culture〉 시리즈 중 하나로, 한국어판에서는 〈에라스무스 총서〉로 선정하여 출간한다.

서 언급한 회중과 공동체를 전부 포함하는―을 돕는 고난이도 작업을 가능하게 함으로써 주어진 기회다. 이 시리즈의 목표는 대륙철학과 현대신학에서 명망 있는 이론가들이, 교회의 신앙과 실천에 포스트모던 이론이 가한 충격에 관심 있는 광범위한 비전문가 청중을 위해 쓴 글을 한데 모으는 것이다. 이 시리즈에 속한 각각의 책은 상이한 각도에서 상이한 물음을 가지고, 예컨대 다음과 같은 물음에 답을 제시하는 일에 착수할 것이다. 포스트모던 이론은 교회라는 형태에 대해 무엇을 말해야 하는가? 회중석 및 현장에서 나타나는 구체적인 종교적 실천은 포스트모더니즘으로부터 어떤 영향을 받아야 하는가? 탈근대성에서 교회는 어떤 모습이어야 하는가? 파리와 예루살렘이 무슨 관계가 있는가?

이 시리즈는 교회의 목적지와 관련해서뿐만 아니라 이 책에서 보여 주는 대륙철학과 이론의 양상과 관련해서도 에큐메니컬하다. 여기에는 바디우(Badiou)에서 지젝(Žižek)에 이르는, 그리고 그 사이에 있는 (니체[Nietzsche], 하이데거[Heidegger], 레비나스[Levinas], 데리다[Derrida], 푸코[Foucault], 이리가레[Irigaray], 로티[Rorty] 등의) 유력한 용의자들(usual suspects)의 목소리를 포함해, 해체(deconstruction)에서 근원적 정통주의(Radical Orthodoxy)에 이르기까지 폭넓고 다양한 이론적 입장이 담길 것이다. 포스트모더니즘이 고대 원천의 복권을 일으킨다는 점에서, 이러한 우리 시대의 원천은 아우구스티누스, 이레나이우스, 아퀴나스 및 여타 자원들과의 대화를 야기할 것이다. 이 분야에서 확고히 자리 잡은 학자들의 지혜에 기대어, 이 시리즈에서는 포스트모던 사상이 교회의 실천에 미치는 영향을 탐구한다는 구체적인 목적을 갖고 포스트모던 사상에 대해 접근하기 쉬운 입문서를 제공할 것이다. 이 시리즈의 책들은 교회를 위한 프랑스식 수업이라 할 수 있을 것이다.

한국어판 저자 서문

한국의 형제자매들께서 저의 작은 책『누가 포스트모더니즘을 두려워하는가?』에 계속해서 관심을 가져 주셔서 감사합니다. 저는 2019년에 마침내 서울에 방문할 기회가 있었는데, 여러 학자, 학생, 교회로부터 받은 은혜로운 환대는 정말 압도적이었습니다. 한국의 그리스도인들이 지닌 지적 갈급함과 영적 열정은 감동적이면서도 저를 겸손하게 만들었습니다. 미국의 복음주의를 괴롭히는 수많은 반지성주의와 달리, 한국의 그리스도인들은 그리스도교 철학과 신학의 자원을 활용해 어려운 문화적 도전을 해결하고자 열심이었습니다. 서울에서 청중에게도 말했지만, 우리가 서로 배울 수 있도록 한국의 철학자들과 신학자들이 내놓은 저작들이 영어로 더 많이 번역되어야 합니다.

그래서 이『누가 포스트모더니즘을 두려워하는가?』새 번역본을 포함해 제가 쓴 저작을 더 많은 청중이 접할 수 있도록 해 주신 번역가들의 수고에 감사를 드립니다. 이것은 우리가 사는 포스트모던 세계가 전 지구적인 세계라는 사실을 다시 한번 확인시켜 줍니다.

캐나다인이 프랑스 철학에 초점을 맞추어 집필해 미국에서 나온 책이 동아시아에 사는 그리스도인에게 도움이 되는 이상한 세계죠. 정말로 작고 이상한 세계입니다. 물론, 유럽과 북미의 문화와 사상이 근대성의 산물인 시장을 통해 전 세계로 수출되었기 때문에 포스트모더니즘 이슈가 이제 전 지구적 관심사가 된 것입니다.

이 책의 이전 한국어판을 내면서, 책에서 더 구체화했으면 좋았을 내용을 더 명확히 할 기회가 있었습니다. 특히 저는 근대성(modernity), 탈근대성(postmodernity), 포스트모더니즘(postmidernism)의 차이와 관계를 명확히 하고 싶었습니다. 제가 보기에 '근대성'은 16세기에 시작되어 20세기 이후까지 유럽과 북미에서 나타난 에토스(ethos)를 간단하게 묘사하는 용어입니다. 프랑스 철학자 르네 데카르트가 이 점에서 근대성의 '아버지'로 여겨지곤 하지만, 근대성에는 종교개혁과 계몽주의를 포함해 다른 주요한 측면들도 있습니다.

이 근대성의 '에토스'를 정의하는 것은 무엇일까요? 여기서는 데카르트의 『성찰』(Meditations)에 표현된 몇 가지 특징에 초점을 맞춰 보겠습니다. 의심과 지식이라는 논제와 씨름하며 확실성을 추구했던 데카르트는, 지식의 문제를 성찰하기 위해 사회에서 물러나 자기 방에 스스로 고립되었습니다. 무엇보다도 그의 성찰은 질문 형식의 탐구가 주를 이루고 있었습니다. "확실한 것이 있는가?" 과거에 확실하다고 여겼던 것이 거짓으로 밝혀졌다면, 지금 내가 확실하다고 여기는 것이 거짓으로 밝혀지지 않으려면 어떻게 해야 할까요? 우리가 참이라고 믿어 온 모든 것이 우리의 정신을 가지고 놀려 덤비는 어떤 악마, 사악한 신에 의한 환상이 아니라는 것을 어떻게 알 수 있을까요? 그런데 그때 데카르트가 깨달은 게 있습니다. 모든 것을 속이는 악마가 있다 해도 내가 속기 위해서는 바로 내가 존재해야 한다는 사실이었습니다. 따라서 내가 속고 있더라도 내가 존재하는 것은 틀림없습니다. 그러므로 한 가지 확실한 것이 있습니다. "나는 존재한다."

이 아르키메데스의 점, 이 하나의 확실한 기초를 발견한 데카르트는 그다음 질문을 던집니다. '나는 **무엇**인가?' 이 존재하는 '나'는 어떤 사물(thing)일까요? 데카르트가 내린 결론은 이제는 익숙한 개념입니다―'나'는 '생각하는 사물'이다. 인간의 본질은 신체가 아니라 정신으로 식별됩니다. 그 결과 근대를 지배하는 '합리론'이 나왔습니다.

우리는 데카르트에게서 근대에 증폭될 두 가지 주제를 볼 수 있습니다. 첫째, 개인이라는 인간상입니다. 데카르트는 방에 틀어박혀 홀로 생각할 때, 인간을 다른 인간과 근본적으로 고립된 개별적인, 자족적인, 원자적인, 신체에서 분리된 실체로 보며 근대성을 대표하는 인간상을 정립했습니다. 어떤 면에서 근대 개인주의의 씨앗은 데카르트의 고립된 사고 실험이 심은 것입니다.

개인이라는 이 초상은 계몽주의에서 표현된 근대성의 후기 동향과 공명합니다. 특히 계몽주의의 과학적 측면과 정치적 측면 모두 **자유**(freedom) 혹은 **자율성**(autonomy)을 강조했습니다. 과학적 계몽주의에서 강조한 바는, 지식이 '합리적'이기 위해서는 편견이 없고 '객관적'이어야 한다는 것이었습니다. 따라서 합리적 사고라는 '자율성'을 성취하기 위해서는 신앙, 전통, 교회의 영향에서 벗어나야 했습니다. 이는 결국 '세속적 이성'이라는 비전을 낳았습니다. 정치적 측면에서 보면, 해방(liberation)과 자율성은 미국 혁명과 프랑스 혁명의 표어였습니다. 개인이 저술가들(authors)의 영향에서 자유로워져야 하는 것처럼 국가는 왕의 권위(authority)에서 자유로워져야 한다는 것입니다. '자유'(liberty)는 **내가** 추구하고자 하는 '선'을 내가 선택할 수 있는 능력으로 간주되었습니다.

자, 이것들은 단지 **근대성**이 지닌 몇 가지 특징일 뿐입니다. 그런데 이게 탈근대성이나 포스트모더니즘과 어떤 관련이 있을까요? 여기서 저는 탈근대**성**과 포스트모더**니즘**의 차이를 강조하고 싶습니다. 제가 사용하는 용어에서, '탈근대**성**'(postmodernITY)은 문화 현상의 집합을 가리키는 반면 '포스트모더**니즘**'(postmodernISM)은 20세기 후반의 철학적 흐름을 구체적으로 가리킵니다. 이 둘의 관계는 복잡합니다.

포스트모더니즘과 연관된 많은 현상—미디어 기술의 폭발적 발전, 경제의 전 지구화, 사회적 파편화 등—은 탈근대성이라는 용어로 묘사할 수 있습니다. 제가 보기에 이 현상들은 사실 근대성이 맺은 열매입니다. 다시 말해, 우리가 '탈'근대성과 연관 짓는 많은 것은 **초**근대적(hyper-modern), 즉 근대성에서 일어난 변화가 증폭된 것입니다. 이 점에서, 근대성과 탈근대성 사이에는 상당한 연속성이 있습니다. 실제로 탈근대성을 '후기 근대성'(late modernity)이라고 간략하게 묘사할 수 있습니다.

하지만 철학적 흐름으로서의 포스트모더니즘은 근대성의 가정에 대한 비판입니다. 탈근대성이 단지 '후기' 근대성이라면, 포스트모던 철학은 우리가 탈근대성과 연관 짓는 많은 문화 현상에 실제로 매우 비판적일 겁니다. 따라서 이러한 그림에서, 근대성과 탈근대성 사이에는 상당한 연속성이 있지만, 탈근대성과 포스트모더니즘 사이에는 불연속성이 있습니다.

그리스도인이 탈근대성에 비판적이어야 함에도 포스트모더니즘에 관심을 가져야 할 이유가 여기 있습니다. 근대성의 가정은 그리스도교 신앙과 조화를 이루기 어렵습니다. 다시 말해, 저는 개신교 그리스도교가 근대성의 가정을 참으로 많이 받아들였다는 사실에도 불구하고 근대성이 정말로 그리스도교의 친구라고 생각하지 않습니다. 자율성과 개인주의—사람을 고립시키는 게임과 통신 기술로 인해 증폭되었습니다—에 대한 근대의 강조는 복음에 반(反)합니다. 이런 것이 바로 우리가 포스트모더니즘을 통해 찾을 수 있는 비판입니다.

『누가 포스트모더니즘을 두려워하는가?』에서 제 목표는 그리스도인이 '포스트모던적'이어야 한다고 주장하려는 게 아니었습니다. 오히려 저는 그리스도인이 근대성에 대판 포스트모던적 비판에서 동맹을 찾을 수 있으며, 이러한 비판은 교회가 인간 번영에 대한 성경의 비전과 일치하지 않는 근대성과 공모해 온 방식을 깨닫도록 돕는 치료제 역할을 할 수 있다고 주장했습니다. 다시 말해, 포스트모더니즘은 다가올 왕국을 갈망하는 고대의 하나님 백성이 되는 방법을 기억하는 데 도움이 될 수 있습니다.

하지만 2020년의 시점에서 이 책을 되돌아보니, **놓친** 것이 있음을 고백할 수밖에 없습니다. 이 새로운 서문을 쓰는 지금, 미국은 미니애폴리스에서 경찰이 조지 플로이드를 살해한 사건 이후 경찰의 폭력과 전반적으로 만연한 인종 차별에 대항하는 항의 시위로 들끓고 있습니다. 미국 사회 구조에 내재된 인종 차별이라는 현실을 다시 마주하면서, 저는 근대성에 대한 제 설명이 너무 편협하게 유럽의 인식론적 관심사에 초점을 맞추고, 전 지구적으로 일어난 노예 무역에 존재하는 근대성의 '이면'은 완전히 놓쳤음을 상기했습니다. 이에 대한 제 확신은 신학자 윌리 제임스 제닝스(Willie James Jennings)가 쓴 중요한 책 『그리스도교적 상상력: 신학과 인종의 기원』(*The Christian Imagination: Theology and the Origins of Race*, Yale University Press, 2010)에 의해 상당히 형성되었습니다. 데카르트가 난로 옆에 앉아 자신이 존재하는지 그렇지 않은지 고민하는 동안 아프리카인들은 대서양을 건너 다른 인간의 소유물이 되기 위해 배로 운송되고 있었으며, 아프리카인들을 소유하고 채찍질하고 일회용품처럼 취급한 그리스도인은 너무 많았습니다. 근대성의 인식론적 문제도 중요하고 정당하지만, 근대성은 이렇게 인종 차별, 억압, 배제의 현실**이기도 합니다**. 이 책에서 포스트모더니즘을 다룬 제 설명은 이러한 비인간화 구조에 대한 비판을 제대로 표현하지 못했습니다(더 자세한 논의는 『왕을 기다리며』[IVP 역간]의 마지막 장을 보십시오).

이 책에서는 포스트모던 철학을 일축하거나 방어해야 하는 대상으로 삼지 않고, 비판적이면서도 수용적인 방식으로 다룹니다. 이런 식으로 포스트모던 철학에 관여하면서, 저는 모든 생각을 그리스도께 사로잡히게 하기 위해 기꺼이 '이집트인을 약탈했던' 성 아우구스티누스의 전통을 이어 가는 저 자신을 보았습니다. 그래서 아우구스티누스가 그리스도교적 지혜를 명확히 표현하기 위해 플라톤의 작업을 비판적으로 전유한 것처럼, 저는 21세기에 신실한 그리스도교 제자도의 형태를 명확히 표현하기 위해 데리다와 푸코의 작업을 비판적으로 전유해 왔습니다. 이것은 그들의 작업을 전면적으로 지지하는 것이 아니며, 그들이 어떤 식으로든 '그리스도교적'이라고 주장하는 것도 아닙니다. 그들의 작업이 우리의 현재에 대한 무언가를 분별하는 데―일반 은혜로 말미암아―실제로 도움이 될 수 있다고 제안할 뿐입니다. **근대** 철학자들에 대해서도 같은 원리의 접근법을 사용할 수 있습니다. 실제로 저는 다른 작업에서 라이프니츠의 작업을 비판적으로 전유했고, 다른 그리스도인 학자들도 칸트와 흄과 헤겔의 작업을 비판적으로 전유했습니다. 게다가, 파스칼(Pascal)과 키에르케고어처럼 철저하게 그리스도교적인 비전을 드러내는 '근대' 철학자도 있습니다. 그러니 저의 근대성 비판은 '전부 아니면 전무'(all or nothing) 모델이 아닙니다.

아시아의 철학자나 신학자들도 공자나 노장사상에 비슷하게 접근할 수 있으리라 예상합니다. 아우구스티누스가 플라톤의 작업을 비판적으로 전유할 수 있었던 것은, 하나님만이 진리의 창시자(author)이시기 때문에 철학자들이 진리를 생각해 낼 때마다 하나님의 세계에 대한 무언가를 발견하고 있는 것이라는 확신이 있었기 때문입니다. 아우구스티누스는 "모든 진리는 하나님의 진리"라고 말했습니다. 이 말은 '모든 것이 다 좋다'는 뜻이 아닙니다. 오히려 그는 하나님이 진리의 샘이자 창조의 원천이시기 때문에 비그리스도인 철학자도 참인 것을 엿볼 수 있음을 강조한 것입니다. 아우구스티누스는 장 칼뱅처럼, 발람의 나귀를 통해서도 말씀하실 수 있는 하나님은 비그리스도인 철학자를 통해서도 말씀하실 수 있다고—그리고 우리는 하나님이 말씀하시는 곳이라면 어디든 귀를 기울이기를 거부하지 말아야 한다고—확신했습니다. 저는 포스트모던 철학자들과 함께 '비판적 경청'이라는 입장을 취하려고 노력했습니다.

마지막으로, 이 책에서 '예전'(liturgy)이라는 용어를 사용한 방식에 대해 한마디 하겠습니다. 많은 개신교인에게 '예전'이라는 말이 '가톨릭' 용어처럼 들리리라는 점을 이해합니다. 두 가지를 말씀드리고 싶습니다. 첫째, 저는 개신교인들이 스스로를 교회의 '공교회적'(catholic) 전통의 일부로 보는 게 중요하다고 생각합니다. 제가 속한 개혁주의 전통에서는 우리가 "거룩한 공교회를" 믿는다고 고백하는 사도 신경을 정기적으로 고백합니다. 그러니까, 저는 어떤 면에서 예전은 '공교회적'이라고 생각합니다. 하지만 둘째, 저는 '예전'이라는 용어를 단순히 그리스도교 예배의 일부인 리듬과 의식을 간단히 나타내기 위한 말로 사용합니다. 이는 **모든** 그리스도교 예배, 심지어 예전에 반하는 것처럼 보이는 예배에도 해당합니다. 예를 들어, 오순절파 예배와 은사주의적 예배에도 고유의 '예전'―예배의 패턴과 리듬―이 있습니다. 이런 의미에서 '예전'은 나쁜 것이 아닙니다. 단순히 예배라는 실천을 묘사하는 것입니다.

2020년 시점에서 『누가 포스트모더니즘을 두려워하는가?』를 되돌아보니, 이 책에 뿌린 씨앗이 이후 출간된 여러 책에서 어떻게 자라났는지 볼 수 있습니다. 이 책의 마지막 장―푸코와 근원적 정통주의를 다룬―은 향후 10년 동안의 연구 궤적을 설정하면서, 문화적 예전 삼부작(『하나님 나라를 욕망하라』, 『하나님 나라를 상상하라』, 『왕을 기다리며』[IVP 역간]) 및 이 주장을 더 쉽게 풀어낸 인기 도서 『습관이 영성이다』(비아토르 역간)로 만들어졌습니다. 이 책들이 모두 한국어로도 번역되어 독자들이 자신의 언어로 이 궤적을 따라갈 수 있게 되어 감사합니다.

우리 북미 교회는 한국의 형제자매들에게서 배울 게 많습니다. 이 『누가 포스트모더니즘을 두려워하는가?』 번역이 그 대화를 이어가는 데 도움이 되기를 바랍니다.

2020년 6월
제임스 스미스

서문

독자에게

내가 의도한 청중과 작동 방식(modus operandi)에 대해 한마디를 하려 한다. 나는 (지난 십수 년간 교회 사역에도 관여했긴 하지만) 전문적이면서도 훈련받은 철학자로서 (프란시스 쉐퍼[Francis Schaeffer]가 사상을 대했던 방식으로) 여러 철학적 조류 및 철학 사상과 진지하게 씨름하고 싶다. 하지만 이 책에서는 주로 철학자나 신학자보다는(그들이 책에서 뭔가 흥미로운 점을 발견할 수도 있겠지만) 학생과 실천가, 즉 포스트모던 세계에서 그 세계의 이슈에 발맞추려는 사람들과 문화적 관여의 최전선에 있는 사람들을 겨냥해 썼다. 목사와 청소년 사역자, 선교단체 간사와 예배 인도자, 성직자와 평신도, 이러한 소명에 따라 훈련받는 사람들이 바로 그들이다. 책의 원래 맥락이 라브리(L'Abri)임을 고려해 보면, 이 책은 포스트모던 지역을 항해하면서 의미를 찾으려는 영적 구도자들에게도 이야기하고 있다. 그들에게 내가 제안하려는 바는, 포스트모던 '영성'의 반(反)제도적 정서가 아니라 굳건하고 생동하며 예전적인(liturgical) 교회가 포스트모던 세계 안에서 그 세계를 향해 의미를 말한다는 것이다. 나는 이런 청중을 염두에 두고, 청중에게 철학 지식이 있다고 가정하거나 원문 해설이라는 늪에 빠지지 않으려 했다. 어떤 발상이 어디에서 나왔는지 그 출처를 추적하는 일과 해당 이론가의 말을 직접 듣는 일도 중요하지만, 각주와 인용은 최소화하고 발상과 주장을 제시하는 데 집중했다. 물론 원자료 및 여타 문헌을 끌어들이는 일은 거의 무한히 증가할 수 있다. 하지만 광범위한 각주로 독자를 산만하게 만들기보다, 더 깊은 읽기를 위한 참고문헌을 넣었다. 관심 독자는 여기서 이 문제에 대해 내가 학술적으로 논의한 내용을 더 볼 수 있을 것이다.

감사의 말

저자인 내게 이 책은 캘빈 칼리지 철학과의 유산과 스위스 라브리 공동체의 전통이라는 깊고 풍부한 두 흐름의 교차점에서 나타난 경이로운 광채로, 마치 선물과 같다. 이 책의 핵심은, 프란시스 쉐퍼와 이디스 쉐퍼(Edith Schaeffer)가 세운 연구 센터인 라브리에서 2003년도 여름에 행한 연속 강의에서 처음 제시했다. 캘빈 대학교 철학과와 라브리가 캘빈의 교수진과 학생들을 정기적으로 스위스로 데려가는 협력 관계를 맺음으로써 강의 기회가 주어졌다. 라브리에 갈 기회를 제공해 준 철학과에, 특별히 리 하디(Lee Hardy)

에게, 또한 내 아내 디애나(Deanna)와 나를 환영해 준 짐(Jim)과 게일 잉그램(Gail Ingram) 및 라브리 식구들의 후한 환대에 깊이 감사드린다. 라브리의 교수진과 학생들이 사려 깊은 질문과 통찰을 제시해 준 덕분에, 이 책에서 검토한 문제에 관한 내 생각을 명료하게 다듬을 수 있었다.

강의를 준비하는 내내, 나는 거인의 어깨에 앉은 소인이 된 듯한 느낌을 강하게 받았다. 한편으로, 강의하는 일은 빚을 갚을 기회였다. 나는 대학교 2학년 때 프란시스 쉐퍼의 저작을 만났기에 지금과 같이 그리스도교 철학의 길에 서 있게 되었다. 철학적 반성, 문화 분석, 성경적 분별의 전통을 원래의 강의와 지금 이 책에서 계속 이어 갈 수 있어서 쉐퍼의 유산에 감사와 경의를 표하고자 한다. 비록 내가 그 유산을 쉐퍼라면 취하지는 않을 방향으로 취했을지도 모르지만 말이다. 다른 한편으로, 캘빈 칼리지 철학 유산의 일원이 되어 젤르마(Jellema), 러너(Runner), 마우(Mouw), 플랜팅가(Plantinga), 월터스토프(Wolterstorff) 같은 인물들에게서 물려받은 전통의 흐름을 잇는 것은 축복받은 일이다. 그리고 나를 환영해 주고 내 작업을 격려해 준 철학과의 현재 동료들에게 특별한 감사의 마음을 느낀다.

원래의 강좌를 책으로 옮기면서 몇몇 친구의 후한 도움을 얻었는데, 그들은 원고를 읽고 논평과 비판을 해 주었다. 내가 고집을 부려서 듣지 않은 부분을 제외하면, 분명 비평과 비판 덕분에 원고가 더 나아졌다. 존 프랭키(John Franke), 브라이언 맥클라렌(Brian

McLaren), 빌 반흐로닝언(Bill VanGroningen), 조프 홀스클로(Geoff Holsclaw)가 아주 분명히 표해 준 우정에 감사를 전한다.

마지막으로, 가족들에게 큰 빚을 졌다. 그들은 지치지 않고 나를 도와주어 내가 신앙과 실천의 현실에 뿌리내리도록 했다. 이 책은 디애나와 함께한 스위스와 프랑스 여행이라는, 결코 잊을 수 없고 늘 소중히 간직할 특별한 기억을 불러일으킨다. 포스트모던 문화 속에서 자녀를 양육한다는 도전은 이 책 속 내 관심사의 상당 부분을 자극했는데, 특히 4장에서 욕망의 형성에 관한 성찰을 다룰 때 그러했다. 이 책을 둘째 아들 콜슨(Coleson)에게 헌정한다. 톨킨(Tolkein), 아서왕(King Arthur), 중세적인 것들을 향한 콜슨의 열정은 내 고대-미래적 감수성을 일으키는 자극이 되었다. 콜슨이 계속 성배를 찾기를 기도한다.

∾

2장과 3장의 일부 자료의 초기 형태는 『기독교와 포스트모던 전환: 6가지 견해』(*Christianity and the Postmodern Turns: Six Views*, ed. Myron B. Penner, Grand Rapids: Brazos, 2005, 기독교문서선교회 역간)에 나오며, 편집자와 출판사의 친절한 허락을 받아 포함했다.

1

파리에서 온 마귀인가?: 포스트모더니즘과 교회

> 포스트모더니즘은 괴물로도 구원자로도—새로운 형태의 적
> 으로도 앞으로 함께할 최선의 대안으로도—묘사되는 카멜
> 레온스러운 경향이 있다. 이번 장에서는 포스트모더니즘이라
> 는 현상이 교회에 던지는 질문을 소개하고, 포스트모더니즘을
> 악마화하거나 여기에 세례를 주는 단순한 이분법을 피하면서
> 관여하는 전략을 제안한다.

커튼 걷기: 〈매트릭스〉

"**진짜** 세계에 온 걸 환영하네."[1] 네오가 매트릭스라는 감옥, 즉 기
계가 인간을 통제하려고 설계한 "신경-활성 시뮬레이션 복합체"
에서 벗어났을 때 모피어스가 꺼낸 환영의 인사말이다. 네오는 종
말 이후의 세계에서 탈출했지만, 이 장면은 아주 고대의 철학 이미

---

1 앤디 워쇼스키와 래리 워쇼스키(Andy and Larry Wachowski)가 각본을 쓰고 감독한
〈매트릭스〉(*The Matrix*, DVD, Burbank, CA: Warner Home Video, 1999).

지 가운데 하나, 바로 플라톤의 동굴에서 벗어난 장면을 다시 보여준다. 플라톤의 『국가』에서 소크라테스는 대중이 이미지와 그림자의 세계에서 노예로 산다고 말한다. 그들은 동굴 깊숙한 곳에 결박되어 머리 방향이 고정되어 있다. 이러한 제약 때문에 그들 모두는 동굴 벽에 어른거리는 그림자, 즉 횃불이 그들 뒤로 지나가는 인형과 인공물을 비출 때 생기는 그림자를 본다. 그 밖의 다른 것을 전혀 알지 못한 채, 동굴에 갇힌 수인들은 그림자를 진짜라고 여긴다. 한 명이 풀려날 때까지. 이 자유로워진 수인은 벽에 비친 그림자에서 돌아서서 동굴 밖으로, 점점 위의 세계를 향해 나아가기 시작한다. 그는 돌아서자마자 그림자가 단지 인형과 조각물의 이미지가 투사된 것임을 깨닫는다. 이것들을 지나고 동굴 안에 있는 불을 지나, 수인은 서서히 지하 감옥에서 벗어나 대낮의 빛으로, 위의 세계로 들어선다.

처음에 그 경험은 당혹스럽고 눈부시다. 태양 빛은 어둠에만 익숙했던 눈이 보이지 않게 한다. 정말로, 진짜 세계의 빛은 그 빛을 한 번도 본 적 없는 눈을 고통스럽게 한다. 처음에는 그 빛을 쳐다볼 수 없어서, 자유로워진 수인은 땅에 비친 그림자와 수면 위의 이미지를 보면서 길을 찾아야 한다. 그러나 그 이미지는 복제품과 조각물을 투사한 이미지가 아니라 사물 자체의 이미지다. 정말로, 동굴에서 벗어난 경험은 수인이 진짜라고 생각했던 것들이 사실은 실재의 그림자, 복제품의 복제품임을 서서히 드러낸다. 위의 세계에서 그는 나무의 그림자도, 나무의 조각난 이미지도 아닌 나무 자

체를 볼 수 있었다. 자유를 얻기 전에는 터무니없다고 여겨졌을 말
―그가 태어난 세계, 그의 전체 환경이 진짜가 아니었다는 말― 이
이제는 분명한 사실이 되었다. 수인이 이제 해야 할 일도 분명하다.
동굴로 돌아가 동료들을 해방시키고 무엇이 진짜인가 하는 진리를
선포하는 것이다.

　워쇼스키 형제(Wachowski brothers, 두 형제 모두 성전환 수술을 받아
이제는 자매다―옮긴이)의 〈매트릭스〉(Matrix)에서 네오라는 인물은
포스트모던식 플라톤의 수인이다. 그는 평생 감옥 같은 곳, 유사 자
궁의 양수가 담긴 용기에서 관을 통해 영양을 공급받으며 사육되
었다. 그의 의식 뒤에서 어른거리는 것은 희미하고 어두운 세계가
아니다. 고층빌딩과 커피숍, 컴퓨터와 나이트클럽이 있는 총천연색
현실이다. 이 모든 것이 상영되는 '벽'은 네오 자신의 마음속에 있
으며, '신경-활성 시뮬레이션' 프로그램이 그 세계의 이미지를 직접
네오의 의식에 주입한다. 따라서 실제로 수인들은 인공지능을 가동
하기 위한 에너지를 '추출하는' 용기 안에 갇혀 있는데도, 자신이 다
른 장소에 사는 아무개라고 믿는다. 네오의 몸에는 전기선과 관이
꽂혀 있지만, 그는 자신이 성장하는 테크놀로지 기업의 평범한 사
원 토머스 앤더슨이라고 생각한다.

　모피어스는 해방자로서, 즉 진리를 알고 다른 사람을 해방하고
자 동굴 깊숙이 어둠 속으로 내려가는 자로서 네오를 찾아온다. 모
피어스는 매트릭스 안에서 네오를 만나지만, 모피어스와 그의 동
료들은 네오의 몸―진짜 네오 자신―을 용기에서 *끄집어낼* 수 있

다. 네오의 의심하는 마음이 신경 활성 시뮬레이션, 즉 매트릭스를 더 이상 수용하지 않자(이식된 기관을 몸이 거부하는 것과 비슷하다) 그 시스템은 네오를 쓰레기 버리듯 용기 밖으로 쏟아 낸다. 모피어스와 동료들은 네오를 빼돌려 어두운 지하 감옥에서 현실의 밝은 빛으로 끌어올리는데, 네오의 몸은 어두운 동굴에서 들어올려져 함선 '느부갓네살'에서 나오는 빛의 터널로 향하는 것으로 연출된다. 네오가 깨어나자 모피어스는 네오에게 인사를 건넨다. "진짜 세계에 온 것을 환영하네." 정신이 혼미한 가운데 네오가 묻는다. "눈이 왜 아프죠?" "한 번도 쓰지 않았기 때문이지"라는 답변이 돌아온다. 이렇게 사용하지 않은 몸에는 혹독한 재활 훈련이 필요하다. 네오는 질문들을 쏟아 내지만 혼란스런 답을 듣고서 현기증으로 비틀거리다 구토한다. 진짜 세계에 익숙해지기란 쉽지 않다.

교회를 포함해 현대의 문화는 비슷한 방향 상실과 방향 재설정을 경험했다. 이 책에서는 네오가 경험한 바와 다르지 않은 이행에 주목한다. 즉 한 장소에서 다른 장소로, 한 현실 구성에서 다른 현실 구성으로, 근대성에서 탈근대성으로의 이행이다. 그렇게 이름 붙이지는 않겠지만, 우리가 경험하는 문화의 전환과 변화는 탈근대성이 출현하고 포스트모더니즘이 대중문화에 미친 낙수효과에서 비롯한다고 할 수 있다. 이러한 이행으로 인해 우리가 이전에 틀림없다고 생각했던 것은 의심받고 데카르트식 '확실성' 같은 것과 너무 쉽게 동일시된 신앙은 흔들리는데, 때로는 현기증 같은 게 일어나기도 한다. 네오가 경험한 것처럼, 우리가 처한 이 새로운 상황은 수많은 질문과 길을 잃어 혼란스러운 느낌을 불러일으킨다. 이 새로운 현실 속에서 정신이 어지러운 네오에게 모피어스가 이렇게 말한 것처럼 말이다. "지금 자네는 분명 앨리스처럼 토끼 굴로 굴러 떨어지는 기분이겠지." 혹은 W. H. 오든(Auden)이 이 문화적 격변을 두고 이렇게 묘사한 것과 같다. "편지를 부치려고 5분 동안 집을 비웠는데 그사이 거실이 벽난로 위 거울에 비친 거실과 바뀌어 버린 것 같다."[2] 진짜라고 생각했던 것이 단지 그림자였음이 드러난다면, 세계가 전부 녹아내리는 것 같지 않을까? 모피어스가 선언한 대로, 이것을 '진짜 세계'로 느낀다 하더라도 우리는 그 세계에서 어떻게 나아가야 할지 확신할 수 없다.

내가 모피어스의 역할을 한다고 주장하고 싶지는 않지만, 내 바람은 일종의 치료와 재활을 제공하는 것, 즉 포스트모더니즘의 세계, 간단히 말해 지금 우리가 처한 세계에 대한 오리엔테이션을 제시하는 것이다.

포스트모더니즘이란 무엇인가?

현대 교회에서 포스트모더니즘이라는 개념은 독약이자 치료제로 불린다. 어떤 이에게 탈근대성은 그리스도교 신앙을 파괴하는 것,

---

2   W. H. Auden, "If, on account of the Political Situation," from *The Complete Works of W. H. Auden* (Princeton, NJ: Princeton University Press, 1988).

공포의 대상이자 악마화의 주요 표적인 세속적 인본주의(human-
ism) 역할을 이어받은 새로운 적이다.[3] 다른 이에게 포스트모더니즘
은 교회의 메마른 뼈를 소생시키는 성령의 신선한 바람이다.[4] 이는
(브라이언 맥클라렌, 레너드 스윗[Leonard Sweet], 로버트 웨버[Robert Web-
ber] 등과 연관된) '이머징 교회'(emerging church [새로이 등장한 교회])
운동에서 특히 그러한데, 이 운동에서는 실용주의적 복음주의의 근
대성을 혹평하면서 포스트모던 세계를 위한 교회의 증언을 재정비
하려 한다. 하지만 두 경우 모두에서 포스트모더니즘은 여전히 모
호한 개념—우리의 이해를 벗어나는 다루기 힘든 짐승—으로 남
아 있다. 혹은 더 낮게 표현하자면, 포스트모더니즘은 우리가 원하
는 어떤 특성이든 취하는 카멜레온과 같은 경향이 있다. 포스트모

3   예를 들어 Charles Colson, "The Postmodern Crackup: From Soccer Moms to
     College Campuses, Signs of the End," *Christianity Today*, December 2003, p. 72
     를 보라. 또한 밀라드 에릭슨(Millard Erickson), 더글러스 그로타이스(Douglas Gro-
     othuis), D. A. 카슨(Carson)의 작업(*The Gagging of God: Christianity Confronts
     Pluralism* [Grand Rapids: Zondervan, 1996]과 *Becoming Conversant with the
     Emerging Church: Understanding a Movement and Its Implications* [Grand Rap-
     ids: Zondervan, 2005], 『이머징 교회 바로 알기』[부흥과개혁사])을 보라.

4   예를 들어 Brian D. McLaren, *A New Kind of Christian: A Tale of Two Friends on
     a Spiritual Journey* (San Francisco: Jossey-Bass, 2001), 『새로운 그리스도인이 온
     다』(IVP); idem, *The Church on the Other Side: Doing Ministry in the Postmod-
     ern Matrix* (Grand Rapids: Zondervan, 2000), 『저 건너편의 교회』(낮은울타리);
     Leonard Sweet, *SoulTsunami: Sink or Swim in New Millennium Culture* (Grand
     Rapids: Zondervan, 1999); Robert E. Webber, *The Younger Evangelicals: Facing
     the Challenges of the New World* (Grand Rapids: Baker, 2002), 『젊은 복음주의자를
     말하다』(죠이선교회); Carl Raschke, *The Next Reformation: Why Evangelicals Must
     Embrace Postmodernity* (Grand Rapids: Baker, 2004)를 보라.

더니즘은 적으로 보이면 괴물로 규정되고, 구세주로 보이면 구원으로 규정될 것이다. 이 모호함 때문에 우리―그리스도교 학자, 목사와 사역자, 사역에 종사하는 평신도―는 우리가 지금 말하는 것에 회의적인 경향이 있다. **포스트모더니즘이란 무엇인가?**

이 질문에 대한 답변은 때때로 역사적 논제로 주어진다. 포스트모더니즘을 일종의 **탈**근대(근대 이후) 상황으로 묘사하고 때로는 1968년 학생 소요나 금본위제 폐지, 베를린 장벽 붕괴, 1972년 7월 15일 오후 3시 32분[5]이라는 특정 시간과 관련짓는 것이다! 포스트모더니즘의 출현으로 여겨질 만한 각 사건들은 이른바 근대성의 붕괴에 대한 설명에 의존한다. 포스트모던의 조건을 역사적 시대나 특정 사건, 심지어 특정 문화 영역(건축, 문학, 음악, 시각 예술)과 관련지어 정확히 집어내려는 시도는 그러한 역사적 주장에 대한 광범위한 의견 차이를 고려하면 비생산적인 것 같다. 더구나 포스트모더니즘 같은 시대정신(Zeitgeist)이 단 하나의 사건으로 생겨날 수 있다는 생각은 순진한 것 같다.

포스트모더니즘의 역사적 기원이나 본질을 정확히 집어내려 하기보다는, 대부분의 포스트모더니즘 해설가들이 대체로 공유하는 가정을 풀어 보고 싶다. 괴물이든 구세주든, 포스트모더니즘은 파리에서 어슬렁거리다 나왔다는 가정 말이다. 포스트모더니즘은 특

---

5 세인트루이스에서 프루이트아이고 주택 단지(르 코르뷔지에의 '현대 생활을 위한 기계'의 수상작 버전)가 발파된 때로, 이 주택 단지는 저소득층 사람들이 거주할 수 없는 환경이었다. Charles Jencks, *Le Corbusier and the Continual Revolution in Architecture* (New York: Monacelli, 2000)를 보라.

히 프랑스 철학의 영향에 자극을 받았다. 다양한 학문 분야(건축, 예술, 문학, 신학)의 해설가들이 이 점을 인정하지만 철학, 특히 프랑스 철학을 다룰 수 있는 사람은 거의 없다. 다시 말해, 우리는 프랑스 철학이 포스트모더니즘을 이해하는 데 중요하다며 고개를 끄덕이면서도 그 철학적 기반에는 관심을 두지 않는 경향이 있다. 예를 들어, 브라이언 맥클라렌은 자주 철학적인 것에 귀를 기울이지만 이내 옆으로 밀어내는데, 그것이 "일상생활과 너무 멀리 떨어져 있"거나 '철학적 포스트모더니즘'과 구별되는 '탈근대성'을 이해하는 데 필요하지 않다고 보기 때문이다.[6] 하지만 나는 철학이 일상생활에 영향을 미치기 때문에 철학을 매우 진지하게 받아들임으로써 프란시스 쉐퍼의 발자취를 따르고 싶다. "생각에는 다리가 있"으며, 오락 문화 안에도 그 문화를 형성하는 사고가 있다.

쉐퍼는 『이성에서의 도피』 서문에서 이렇게 말한다. "오늘날 사고의 동향을 이해하려면, 상황이 역사적으로 어떻게 발생했는지 보고 철학적 사고 형식의 발전도 자세히 살펴봐야 한다."[7] 『거기 계시는 하나님』(The God Who Is There, 생명의말씀사 역간)에서 쉐퍼는 근대성의 전환이 철학("절망의 선"의 "첫 단계")에서 시작된다고 분석한다. 따라서 쉐퍼에게 문화 현상은 철학적 전환의 징후이며 그 반대

---

6   McLaren, *Church on the Other Side*, p. 160; and idem, *New Kind of Christian*, p. 19.

7   Schaeffer, *Escape from Reason*, in *The Francis A. Schaeffer Trilogy* (Westchester, IL: Crossway, 1990), p. 208. 『이성에서의 도피』(생명의말씀사).

는 아니다. 『거기 계시는 하나님』이나 『이성에서의 도피』에서 볼 수 있는 비판적 문화 분석을 통해 쉐퍼는 철학적 영향의 낙수효과 이론이라 부를 만한 내용을 제시한다. 즉, 문화 현상은 철학의 흐름을 반영하는 경향이 있다는 것이다. 아마도 철학적 포스트모더니즘에 대한 내 분석은 맥클라렌의 탈근대성 분석에 필요한 보충물(더 낫게 말하면 전제 조건)로 이해할 수 있다.[8]

따라서 이 책에서는 포스트모더니즘을 고려하면서 쉐퍼식 전략을 사용하고자 한다.[9] 그렇게 나는 이 책을 쉐퍼가 인본주의 및 실존주의(existentialism) ─ 어떤 의미에서, 포스트모더니즘(여담이지만 프랑스에서는 거의 사용하지 않는 용어다)은 실존주의를 계승했다 ─ 와 씨름한 내용의 후속편으로 여긴다. 쉐퍼식 전략이란 적어도 두 가

---

8 여기서 자세히 설명할 수는 없지만, 적어도 지적 흐름인 포스트모더니즘과 문화 현상의 집합체인 탈근대성(포스트모더니티)에서 흔히 경험되는 차이에 주목해야 한다. 데리다가 말하는 해체와 푸코가 말하는 권력의 계보학은 포스트모더니즘의 예이며, 청소년이 가상 현실에 몰두하고 쇼핑몰이 신전으로 크게 성공하는 것은 탈근대성의 예다. 포스트모더니즘의 철학적 동향과 탈근대성과 연관된 문화 현상 사이에는 낙수효과가 있긴 하지만, 문화적 탈근대성과 관련된 많은 것이 사실 근대성의 열매다. 다시 말해, 문화 현상은 포스트모더니즘의 급진적 함의를 (아직?) 반영하지 않는 경향이 있다. 이는 포스트모더니즘 자체가 지적 영역과 문화적 영역 모두에서 그 함의가 축소되었기 때문인 것 같다. 현대 문화를 특징짓는 개인주의와 소비주의는 철저하게 근대의 뿌리에서 자라난 열매다. 마찬가지로 상대주의도 포스트모더니즘보다 모더니즘에 훨씬 더 빚지고 있다. 이 책에서는 주로 포스트모더니즘의 지적 동향에 초점을 맞추지만, 마땅히 포스트모던이라고 묘사할 수 있는 문화 현상에 대한 중요한 물음들이 남아 있다.

9 맥클라렌도 이 점에서는 쉐퍼를 원형(prototype)으로 본다. 그는 한 세대 전에 쉐퍼가 교회를 향해 권고한 내용을 인용한다. "우리가 젊은이들에게 행하는 가장 큰 불의 중 하나는 보수적으로 되라고 요구하는 것이다. … 우리가 공정해지려면 젊은이들에게 혁명가가 되라고, 현재 상태에 반대하는 혁명가가 되라고 가르쳐야 한다"(McLaren, *Church on the Other Side*, p. 16).

지를 의미한다. 첫째, 탈근대성을 이해하려면 철학 자체로 돌아가
야 한다. 문화 현상인 탈근대성은 종종 철학적 흐름인 포스트모더
니즘과 구분되지만, 나는 문화 현상은 철학적 흐름의 산물일 가능
성이 높다는 쉐퍼의 견해에 동의한다. 우리는 사상을 진지하게 여
김으로써 문화를 진지하게 여긴다. 둘째, 나의 일차 청중이 철학자
가 아니라 실천가―더 구체적으로는, 포스트모던 세계에서 사역에
종사할 뿐만 아니라 이 포스트모던 세계의 거주자를 찾아다니는
그리스도인―라는 점에서 내 전략은 '쉐퍼식'이다. 그러니 이 소론
들 자체는 학술 프로젝트가 아니다. 오히려 철학의 흐름을 살피지
않는 사람들에게 철학의 동향을 소개하는 것이 이 소론들의 목적
이다. 따라서 철학에서 쓰는 전문어는 되도록 피할 것이다. 특별한
용어가 필요한 경우, 설명하고 해명하는 맥락에서 표현될 것이다.
나는 이를 성육신 전략, 즉 청중이 다가가기 쉬운 언어에 사상을 적
응시키는 것으로 본다. 칼뱅이 자주 강조했듯, 그리스도 안에 계신
하나님은 우리가 이해할 수 있는 말씀으로 나타나심으로써 자신의
생각을 우리의 언어에 맞춰 주신다.[10]

포스트모더니즘 배후에 있는 주된 철학적 충동을 풀어내겠다
는 소박한 목표와 더불어, 내 전략은 포스트모던 사상가의 불경한
삼위일체인 자크 데리다(Jacques Derrida), 장-프랑수아 리오타르
(Jean-François Lyotard), 미셸 푸코(Michel Foucault)를 끌어들이는 것

---

10   나는 성육신적 언어 개념을 *Speech and Theology: Language and the Logic of Incar-*
nation, Radical Orthodoxy Series (London: Routledge, 2002)에서 더 깊이 탐구했다.

이다. 그들의 이름이 모든 사람에게 익숙하지는 않겠지만, 그들 사상의 핵심 측면은 이제 학계뿐만 아니라 대중 매체에서도 흔해졌다. 나는 이 철학자들과 관련된 포스트모더니즘의 구호 세 가지를 세심하게 숙고해 볼 것이다.

- "텍스트 바깥에는 아무것도 없다." (데리다)
- 포스트모더니즘은 "메타내러티브를 불신하는 것"이다. (리오타르)
- "권력은 지식이다." (푸코)

일반적으로 이 세 구호는 고백적 그리스도교 신앙과 양립할 수 없다고 여겨진다. 성경의 방대한 내러티브를 하나님의 말씀으로 받아들이는 사람이 어떻게 메타내러티브를 거부할 수 있겠는가? 초월적 하나님의 존재와 그분의 창조를 믿는 사람이 어떻게 텍스트 바깥에 실재가 있음을 부정할 수 있겠는가? 사랑이신 하나님을 예배하는 사람이 어떻게 힘을 향한 의지가 실재의 기초라는 니체의 찬사에 동조하겠는가?

문제는 이 모든 물음이 해당 주장에 대한 오해에 기인한다는 것이다. 다시 말해, (저자들이 구호로 삼으려는 의도가 전혀 없었던) 이 구호들은 범퍼 스티커, 즉 맥락 없이 만들어진 주장처럼 취급된다. 하지만 이 주장들의 맥락을 제대로 이해하면 두 가지를 볼 수 있다. 첫째, 이 주장들은 '범퍼 스티커'식 읽기에서 제안하는 내용과는 다른 의미를 지닌다. 이 주장들을 구호로 바꾸는 범퍼 스티커식 읽기는 포스트모더니즘에 대한 여러 신화를 영속화하는 경향이 있다. 내 목표는, 이른바 포스트모더니스트라 불리는 사람들이 말한 것이라고 우리가 일반적으로 생각하는 바가 대개 실제로는 그렇지 않음을 보여 줌으로써 포스트모더니즘을 탈신화화하는 것이다. 둘째, 아마 더 도발적일 텐데, 사실 이 모든 주장이 그리스도교의 핵심 주장과 깊은 친화성이 있다는 점을 증명할 것이다.

그렇게, 2-4장을 구성하는 연구는 양날의 검으로 기능하도록 의도되었다. 한편으로는, 흔히 포스트모더니즘으로 묘사되는 현대 사상의 동향을 그리스도인들에게 비판적으로 소개한다. 이를 위해서는 이 사상들을 통합적 그리스도교 세계관으로 비판해야 한다. 그러나 이 연구는 다른 방식의 소개를 잘라내기 위한 것이기도 하다. 즉, 그리스도교가 포스트모더니즘에 대해 일반적으로 오해한 점도 비판하고, 탈근대성이 어떤 의미에서는 그리스도인들이 환영해야 할 조건이라는 길을 제안한다. 파리에서도 선한 것이 나올 **수 있다**. 이런 식으로, 아우구스티누스가 나중에 취하고 장 칼뱅과 아브라함 카이퍼(Abraham Kuyper) 같은 사람들이 활용했던 히브리인의 전략, 즉 이집트의 재산을 챙겨서 달아나는 전략을 재연할 것이다. 아우구스티누스가 『그리스도교 교양』(De Doctrina Christiana)에서 지적하듯, 히브리인들이 (때로는 그 용도가 잘못되었더라도) 야웨를 예배하기 위해 이집트의 금을 챙겨 이집트를 떠난 것처럼, 그리스도인들은 비그리스도교 사상—플라톤이든 데리다든—에서 하나님의 영광과 하나님 나라의 진척을 위해 사용할 수 있는 자원을 찾을 수 있다. 이 책은 그 나라를 위해 포스트모던이라는 재산을 챙겨 달아나려는 시도다.

특히 데리다, 리오타르, 푸코라는 이 불경한 삼위일체는 사실 교회의 본질에 대한 몇 가지 진리를 포착하도록 우리를 다그치는데, 그 진리들은 근대성에 의해, 특히 그리스도교의 모더니즘 전유 방식에 의해 가려져 있었다. 포스트모더니즘이 그리스도교 교회에 도깨비 같은 골칫거리가 된 이유 중 하나는 우리가 너무 철저하게 근대인이 되었다는 점이다. 그러나 포스트모더니즘은 우리의 근대성의 적일 수도 있지만, 우리의 고대 유산을 공유하는 동맹이 될 수도 있다. 요컨대, 우리가 교회가 **되도록** 돕는 이들은 바로 이 파리지앵들일지도 모른다. 특히, 이 포스트모던 이론가들이 행하는 각각의 분석은 교회에 이중의 효과를 일으킨다.

- **데리다.** 해체(deconstruction)가 주장하는 "텍스트 바깥에는 아무 것도 없다"(il n'y a pas de hors-texte)는 종교개혁의 '오직 성경'(*sola scriptura*) 원리를 철저하게 번역한 것으로 볼 수 있다. 특히, 데리다의 통찰력은 교회의 두 가지 핵심 강조점을 회복하도록 우리를 다그칠 것이다. (a) 세계 전체에 대한 우리의 이해를 매개하는 성경의 중심성과 (b) 성경을 해석할 때 공동체의 역할.
- **리오타르.** 탈근대성이 "메타내러티브를 불신하는 것"이라는 주장은 궁극적으로 교회가 수긍해야 할 주장이며, 우리를 다그쳐 (a) 그리스도교 신앙을 사상의 집합으로 이해하기보다는 그 내러티

브적 성격을 회복하도록, 그리고 (b) 내러티브의 고백적 본성 및 경쟁하는 내러티브들의 세계에서 우리 자신을 발견하는 방식을 회복하도록 한다.

- 푸코. 혼란스러워 보이고 심지어 니체적인 주장인 "권력은 지식이다"라는 말은 우리를 다그쳐 MTV가 오래전에 배운 교훈을 깨닫게 한다. 바로 (a) 형성과 훈육(discipline)이 지닌 문화적 힘, 따라서 (b) 교회는 대안 훈육을 통해 대안 형성을 일으킬 필요가 있다는 것이다. 다시 말해, 우리는 제대로 된 방향이 필요한 창조적 구조로서 훈육을 생각해 보아야 한다. 제자가 된다는 것이 어떤 의미인지에 대해 푸코가 우리에게 말해 주는 바가 있다.

물론 이 이론가 가운데 그리스도인은 없으므로, 우리는 그들과 근본적으로 이견이 나타나는 지점이 있으며 그들의 결론 중 일부를 비판할 필요가 있다는 점도 예상해야 한다.

각 장에서는 이 포스트모던 사상가들과 이론들에 접근하기 위한 공통 전략을 사용하는데, 쟁점이 되는 몇 가지 질문과 사안을 설명하고자 최근 영화에 대한 간략한 논의로 시작할 것이다. 영화는 미국 문화뿐만 아니라 점점 더 세계 문화의 새로운 공통어가 되고 있다. 더구나 영화는 강력한 '성육신적' 매체로, 명제나 교과서로는 할 수 없는 방식으로 우리의 경험을 열어 우리 세계의 진리를 드러낼 수 있다. 그러니까 이 영화 논의는 우리의 호기심을 자극하기 위한, 즉 포스트모던 사상가들이 던지는 종류의 질문을 우리가 던지도록 하기 위한 장치다. 그다음에는 저자의 작품 속 주장의 맥락을 고려하면서 무슨 말을 하는지 설명함으로써 각 인물의 핵심 주장을 소개한다. 이를 위해서는 특별히 이들의 주장에 대한 흔한 오해, 특별히 그리스도교 신학자들이나 실천가들이 보이는 오해에 대해 해명하는 일이 필요할 것이다. 그리고 나서, 포스트모던 교회의 형성에 관한 건설적 결론에 도달하면서, 이들의 주장이 신학과 실천 모두에서(둘은 결코 분리해서는 안 된다) 교회에 주는 함의를 살펴볼 것이다.

따라서 각 장은 포스트모던 교회를 '순회하면서' 끝난다. 데리다, 리오타르, 푸코의 사상을 검토한 이후에 각 장은 사례 연구로 마무리되는데, 이머징 교회 운동과 같이 포스트모던의 조건에 대응하려는 교회의 최근 국면을 살펴볼 것이다. 우리는 브라이언 맥클라렌, 레너드 스윗 등의 작품에서, 탈근대성으로의 문화적 전환에 분명히 관여하려 한 그리스도교 사상가들과 실천가들을 찾을 수 있다. 이 대담한 탐험가들은 교회를 위한 포스트모던 지형도를 처음으로 그린 사람들 중 일부다. 우리가 탈근대성의 주요 이론가들과 씨름한다는 점을 고려한다면, 우리는 이 탐험가들이 포스트모더니즘을 독해한 방식은 물론 포스트모던 교회의 형태에 대한 그들의 제안을 비판적으로 검토할 것이다. 앞으로 분명해지겠지만, 나는 이 탐험가들의 관심사에 깊이 동감하면서도 때로는 이들의 제안이 여전히 어떤 근대적 전략에 사로잡혀 있다고 생각한다.[11] 내가 주장하려는 바

---

11   예를 들어 '비교파주의'는 철저한 근대적 현상으로 보인다. 4장에서 이를 더 자세히 논한다.

는, 포스트모던 교회는 고대 교회보다 더 잘할 수 없고, 포스트모던 세계에 이르는 가장 확실한 길은 전통을 회복하는 것이며, 제자도의 가장 효과적인 수단은 예전에서 찾을 수 있다는 것이다. 각각의 포스트모던 교회를 순회하다 보면 우리가 예배하는 방식에 데리다, 리오타르, 푸코가 어떤 의미가 있는지 구체적으로 알게 될 것이다.

사려 깊이 포스트모더니즘과 씨름하다 보면 우리는 과거를 돌아보게 된다. 우리는 포스트모던 철학의 기치 아래 있는 많은 부분이 고대와 중세의 원천에 주목하고 있으며 앎, 존재, 행함에 관한 근대 이전의 길을 상당히 회복하는 요소라는 점을 알게 될 것이다. 고대와 중세의 원천은 근대성에 대한 유용한 반론의 목소리를 제공한다.[12] 그래서 데리다는 계속 플라톤과(나중에는 아우구스티누스와) 씨름하고, 리오타르는 부족 문화를 살펴보며, 푸코는 고대에 나타나는 훈육의 실천을 검토한다. 포스트모더니즘은 보수적이 되거나 '고(古)-정통'(paleo-orthodoxy)이라는 (신화적인) 원시 전통을 회복하려 하지 않으면서도, 고대의 주제와 인물을 특정하게 창조적으로 회복하여 보여 준다.[13] 2-4장을 이루는 세 연구는 끝맺는 장이 설

---

12 중세 연구자 데이비드 버렐(David Burrell)은 고대 사상과 포스트모던 사상이 이렇게 공명한다고 제안했는데, 그는 포스트모더니즘과 중세 신학의 친화성에 주목한다. 그는 (*Faith and Freedom: An Interfaith Perspective* [Oxford: Blackwell, 2004], p. 141 에서) "포스트모던은 '반-반중세적'(anti-antimedieval)이라고 번역할 수 있다"고 주장한다.

13 파리의 철학계에서 현재 소르본의 장-뤽 마리옹(Jean-Luc Marion)의 작품을 필두로 성 아우구스티누스에 대한 논의가 떠들썩하게 이루어지고 있음을 안다면 많은 이가 놀라리라 생각한다.

자리를 마련해 준다. 끝맺는 장에서는, 가장 집요한 포스트모더니즘은 두꺼운 고백적 교회로, 즉 교회의 예배 및 제자도를 특수하게 (하지만 공교회적으로) 그리고 고대적으로 실천하는 데 의지하는 교회로 이어진다고 주장한다. 다시 말해, 포스트모던적 비판의 결과 중 '근원적 정통'만이 유일하게 제대로이며, 이머징 교회가 비변증적 교의학(이는 과격한 근본주의가 아니다)을 기피한다면 계속해서 근대성의 꿈과 야망과 회의주의에 사로잡혀 있을 것이다. 따라서 5장에서는, 포스트모던이 되는 최선의 길이 고대인이 되는 것인 이유, 그리고 포스트모던 세계에서 그리스도교 신앙을 선포하는 최선의 길이 비난을 당해 소심해져 조용히 있는 게 아니라 공동체 안에서 정의를 체화하는 데 헌신하면서 비변증적으로 살아가는 것인 이유를 숙고해 본다.[14]

포스트모던 세계에서의 변증과 증언

'포스트모더니즘'에 대해 말하는 일은 마치 식탁이나 컵처럼 개별 사물을 묘사하는 것과 같은 인상을 줄 수 있다. 더구나 탈근대성이 도래하면서 모든 것이 변했다고 주장하려는 유혹을 받기도 한다.

---

14 내가 이런 흐름으로 사고하는 것은 Robert Webber, *Ancient-Future Faith: Rethinking Evangelicalism for a Postmodern World* (Grand Rapids: Baker, 1999)에 크게 빚지고 있다. 『복음주의 회복』(기독교문서선교회).

그러나 둘 다 사실이 아니다. 포스트모더니즘은 분명 다종다양한 현상이다. 그리고 포스트모더니즘은 모더니즘과 말끔하게 단절되지 않는다. 근대성과 탈근대성 사이에는 연속성과 불연속성이 모두 존재한다. 가장 중요한 연속성은 둘 모두 은혜를 부정한다는 것이다. 다시 말해, 근대성과 탈근대성 모두 자기충족성이라는 우상화된 관념과 강한 자연주의로 특징지어진다.[15] 이 신학적 연속성에 주목하면 철학적·문화적 연속성도 인식하게 되는데, 이를테면 탈근대성은 특히 자유 개념, 기술 사용 등과 관련하여 흔히 근대성의 강화이기도 하다.

이 연속성은 다음 논의에 두 가지 방식으로 영향을 미친다. 첫째, 나는 근대성과 탈근대성의 불연속성을 강조하는 경향이 있다. 나는 근대 사상과 포스트모던 사상 사이에는 강한 연속성이 있음을 인정하는데—또한 다른 데서도 주장해 왔는데—특히 데리다와 푸코의 작업에서 그러한 연속성이 나타나며 둘 다 자신이 중요한 의미에서 계몽주의 사상가라고 고백한다.[16] 하지만 그들은 또한 중요한 의미에서 근대성을 비판하는 자들이며, 따라서 포스트모더니즘은 어떤 면에서 모더니즘과 단절된다. 이 책에서 제시한 분석을 통해

---

15 혹은 그레이엄 휴스가 말했듯 근대성과 탈근대성 모두, 막스 베버(Max Weber)의 용어를 사용하자면 철저한 "세계의 탈주술화"로 특징지어진다. Graham Hughes, *Worship as Meaning: A Liturgical Theology for Late Modernity* (Cambridge: Cambridge University Press, 2003), p. 2.

16 예를 들어 James K. A. Smith, *Jacques Derrida: Live Theory* (London: Continuum, 2005), 3.3.2를 보라.

나는 이 단절이 나타내는 기회, 즉 더욱 견고한—또한 덜 근대적인
—그리스도교 신앙을 되찾는 기회에 특별히 관심을 둔다.

　이는 나를 두 번째 강조, 즉 포스트모더니즘과 정통 그리스도교
신앙[17]의 연속성에 대한 강조로 이끈다. 데리다, 리오타르, 푸코의
작업에서 많은 내용이 특히 그리스도교 관점에서 비판받을 만하다.
그러나 여기서, 그리고 이 책을 구성한 원래 강의의 맥락에서는 포
스트모더니즘과 역사적·정통적 그리스도교 신앙이 중첩되는 지점
을 강조할 필요가 있어 보였다. 특히 내가 어떤 의미에서는 쉐퍼의
유산을 계승하고 있기 때문이다. 그렇게 중첩점을 강조하려면, 쉐
퍼 자신이 그리스도교 신앙을 "진리의 체계"로 해석한 데에 숨어
있는 모더니즘과 마주해야 한다.[18] 이 점에서 쉐퍼를 명확하게 비판
하기보다는, 아마도 쉐퍼는 놀라겠지만(그리고 억울해하겠지만) 데리
다와 푸코 같은 포스트모더니스트의 주장이 (쉐퍼가 전제의 역할을 인
정하는 한) 지식과 진리에 관한 쉐퍼의 주장[19]과 공통점이 있음을 보

17　나는 대개 이 용어를 성경에 뿌리를 두고 역사적인 신경과 신앙고백에서 증언된 그리
　　스도교 신앙을 간단하게 표현하는 용어로 사용하는데, 이것이 후기 종교개혁 사상에 의
　　해 더 풍부해졌다고 생각한다. 이 책에서 내 기획은 상당히 에큐메니컬하지만, 내가 개
　　혁파 신앙고백을 역사적·정통적 그리스도교 신앙의 중요한 확장으로 생각한다는 점은
　　분명해질 것이다. 인식론(지식에 관한 이론)과 그에 따른 변증론에 영향을 주는 경우를
　　제외한다면 여기서 논쟁을 벌이고 싶지는 않다. 결국 여기서 중요한 것은 아우구스티누
　　스적인 공교회적 신학이다.

18　Schaeffer, *Trilogy* 부록의 "Apologetics"(변증론) 항목을 보라.

19　이 문제는 논쟁거리다. 쉐퍼가 이 문제를 명시적으로 언급했을 때조차도 그는 이에 대
　　해 모호한 입장을 유지했으며, 지식에서 전제의 역할을 진지하게 받아들이지 않는 더
　　고전적인 접근법에 이따금 기울어졌던 것 같다. 쉐퍼 자신의 개혁파 신학은 '죄가 지성

여 주고 싶다. 쉐퍼는 이를테면 실존주의와 그리스도교 신앙의 불
연속성을 지적하는 데 집중했지만, 그리스도교 사상과 비그리스도
교 사상의 접촉점을 찾음으로써 '긴장 지점'을 찾는다는 장점도 있
다. 그리고 그러한 연속성을 인정하려면 우리가 갖고 있던 근대적
전제를 버려야 할 수도 있다. 죄가 이성에 미치는 영향을 파악하지
못하면 우리의 그리스도교 신앙—그리고 그에 따른 우리의 변증론
—은 모더니즘에 물든다. 이를 무시하면, 진리를 인식하는 데서 이
른바 중립적 이성의 역할을 말하는 계몽주의적 낙관론을 수용하게
된다.[20] (또한 자연법의 기치 아래 '그리스도교 미국'을 세우려는 '콘스탄티누
스적' 전략에 전념하는 데 이르게 된다.)

  더 익숙한 용어로 설명하자면, 고전적 변증론에서는 이성에 대한

에 미치는 영향'에 관한 한—즉, 죄가 마음에 미치는 영향으로, 불신자에게는 참이라고
간주되는 것과 참이라고 인식될 수 있는 것 모두가 왜곡된다는 점에서(롬 1:18-22; 고
전 2장)—고전적 변증론을 약화시킨다. 라브리에 머무는 동안 존 오웬(John Owen)
이 성령에 관해 쓴 17세기 고전 작품을 주의 깊게 살펴볼 기회가 있었다. 그가 "Cor-
ruption of the depravity of the mind by sin" (III.iii; *The Holy Spirit* [repr., Grand
Rapids: Kregel, 1954], pp. 144-169, 『개혁주의 성령론』, 여수룬)에서 설명한 내용보
다 죄가 지성에 미치는 영향을 다루는 더 좋은 진술을 제시하기 어려울 정도였다. 키에
르케고어(Kierkegaard)의 *Philosophical Fragments*(『철학적 조각들』, 집문당)에서도
동일한 점을 분명히 표현한다. 진리를 알려면 배우는 자(제자)는 교사(하나님)에게서
진리의 내용뿐만 아니라 진리를 받아들이는 조건도 받아야 한다는 것이다. 이 조건이
베풀어지는 것은 성령의 사역에 따른 은혜의 행위다.

20 현대의 맥락에서는, 내가 다른 데서 변증학과 그리스도교 철학의 "바이올라 학파"라
고 불렀던 그룹에서 이러한 모더니즘을 구현한다. 이에 대한 간략한 설명은 James K.
A. Smith, "Who's Afraid of Postmodernism? A Response to the 'Biola School,'" in
Christianity and the Postmodern Turn, ed. Myron Penner (Grand Rapids: Brazos,
2005)를 보라. 『기독교와 포스트모던 전환』(기독교문서선교회).

매우 근대적인 개념이 작동한다. 반면 '전제주의' 변증론은 무언가를 진리로 간주할 때나 참이라고 인정할 때 모두 전제의 역할이 있음을 인정한다는 점에서 포스트모던적(또한 아우구스티누스적!)이다. 이런 이유로 포스트모더니즘은, 중립적 이성의 명령을 따르는 진리 체계가 아니라 '보는 눈과 듣는 귀'가 필요한 이야기인 신앙을 교회가 되찾도록 하는 촉매제가 될 수 있다. 그러므로 교회가 맡은 주된 책임은 논증이 아니라 선포다. 즉, 이른바 중립적 이성이 생산하는 유신론의 얄팍한 현실이 아니라 육신이 된 말씀을 선포하는 케리그마의 소명이 교회가 맡은 책임이다.

달리 말하면, 우리의 변증적 선포가 계시에서 시작하지 않으면 우리는 이 게임을 근대성에 내주게 된다. 이 점에서 나는 초기의 파리 철학자이자 원조 포스트모더니스트인 블레즈 파스칼의 편에 서 있다. 그는 성육신과 성경에 계시된 하나님—아브라함, 이삭, 예수 그리스도의 하나님—은 (근대의) 철학적 유신론에서 말하는 신과 구별되어야 한다고 단호하게 주장했다. 그런데 더 중요한 것은, 이 새로운—실은 고대의—변증론이 공동체의 삶의 방식에 의해 선포된 변증론이라는 점이다.[21] 피터 라잇하르트(Peter Leithart)가 말했듯, "첫 번째이자 가장 중요한 복음 변호, 즉 바울뿐만 아니라 예수를 추천하는 첫 '추천장'은 논쟁이 아니라, 섬기고 고난받는 가운데

---

21   (로버트 웨버를 따르는) 이 새로운 변증론에 대한 더 자세한 논의는 James K. A. Smith, *Introducing Radical Orthodoxy: Mapping a Post-secular Theology* (Grand Rapids: Baker, 2004), pp. 179-182를 보라. 『급진 정통주의 신학』(기독교문서선교회).

성령에 의해 그리스도를 닮아 가는 교회의 삶이다."[22] 교회에 변증이 있는 게 아니다. 교회가 곧 변증이다.

근대적 그리스도교에서 포스트모던 교회로

내가 근대적 그리스도교를 병들게 한 인식론, 즉 지식에 관한 이론을 반대한다면, 이 모더니즘 유형의 신앙에 수반되는 교회론(혹은 교회론의 결여)도 반대해야 한다. 근대적 그리스도교의 모체에서 기본 '요소'는 개인이다. 교회는 그저 개인의 집합일 뿐이다. 그리스도교 신앙을 개인과 하나님 사이의 사적인 일—예수께서 '내 마음에 오시기를' 청하는 일—로 여기는 근대 복음주의는, 교회가 하나님과 사적 관계를 맺고 있는 개인들이 서로 교제하는 장소를 마련하는 것 외의 역할을 어떻게 혹은 왜 하는지 명확하게 설명하지 못한다. 이 모델에서 중요한 것은 진리나 관념의 체계로서 그리스도교이지 교회의 머리를 체화하는 살아 있는 공동체로서 교회가 아니다. 근대적 그리스도교에서는 교회를 개인이 질문에 대한 답을 찾으러 오는 장소로, 혹은 개인이 소비 욕망을 충족시킬 수 있는 또 하나의 정거장으로 생각하는 경향이 있다. 그렇게 그리스도교는 성육신하기보다는 지식화되고, 진정한 공동체의 현장이 되기보다는 상품화되었다.

---

22   Peter J. Leithart, *Against Christianity* (Moscow, ID: Canon, 2003), p. 99.

그러나 근대성에서 탈근대성으로 넘어가는 그리스도교 신앙을 논할 때, 나는 그리스도교에 대해 거의 말하지 않으며 심지어 그리스도인을 개인으로 말하기를 꺼린다. 오히려 나는 교회(church)에 대해―대문자 C를 써 가면서―말하는 편이다. 나는 근대적 그리스도교에서 포스트모던 교회로의 전환이 일어나야 한다고, 네오의 경험과 유사한 패러다임 전환이 일어나야 한다고 주장한다. 여기서 내 주장은 고백적이다. 사도 신경의 증언처럼, 나는 거룩한 공교회를 믿으며, 바로 이 거룩한 공교회라는 개념이 현대 복음주의를 병들게 한 근대 개인주의를 무너뜨린다고 믿는다.[23] 정말로 우리는 수많은 오명을 쓴 "교회 밖에는 구원이 없다"라는 신조(formula)를 회복하는 게 좋을 것이다. 이 말은 특정 교회 기관이 은혜를 분배하거나 구원을 조정한다는 의미가 아니라, 그리스도의 몸인 교회를 제외하면 그리스도교는 없다는 뜻이다. 그 몸은 신약성경의 유기적 공동체 모델로, 개인을 강조하는 모더니즘에 반대한다.

교회는 나를 **위해** 존재하지 않는다. 내 구원은 지적 통달이나 감정적 만족의 문제가 아니다. 교회는 하나님이 우리를 새롭게 하시고 변화시키시는 곳, 즉 그리스도의 몸이 되는 실천을 함으로써 우리가 그 아들의 형상으로 형성되는 장소다. 은혜로 구원받은 죄인인 내게는 많은 답이 아니라 의지와 마음의 개혁이 필요하다. 내가

---

23 이머징 교회에 공동체에 대한 수많은 이야기가 있음에도, 아직 그 근원적 함의를 탐구하지 못했다는 점은 여전히 우려스럽다. 이머징 교회의 다음 과제는 교회론을 명확히 표현하는 것이다.

묘사하는 교회의 실천은, 세례와 성만찬이라는 전통적 성례전[24]을 실천하는 일뿐만 아니라 그리스도교적 결혼과 자녀 양육을 실천하는 일, 심지어 친한 사람들과의 교제는 물론 싫어하는 사람과도 잘 지내는 단순하지만 급진적인 실천까지도 포함한다! 예를 들어, 교회는 실천함으로써 인내를 배우는 장소다. 교회가 되는 실천을 통해 씨앗이 심기고, 그로부터 성령의 열매가 우리 삶에 나타난다. 그리고 성령의 열매를 보이기 시작할 때 교회는 포스트모던 세계의 증인이 된다(요 17장). 소비와 폭력에 전념하는 세계에서 고난받는 종을 섬기는 공동체보다 더 대항문화적인 것은 없다. 그러나 교회가 지닌 근대성을 버릴 때에야 교회는 비로소 이 대항문화적·예언자적 증언을 갖게 될 것이다. 그런 점에서 포스트모더니즘은 교회가 교회**다워지도록** 하는 또 다른 촉매제가 될 수 있다.

---

24 여기서 우리는 개혁파 복음주의 진영에서 승리한 것으로 보이는 얄팍한 츠빙글리식 신학과 대조되는 장 칼뱅의 풍부한, 성례전적인 신학으로 돌아가는 것이 좋다.

2

텍스트 바깥에는 아무것도 없다?: 데리다, 해체, 성경

포스트모더니즘에 상표명 비슷한 것이 있다면 그것은 바로 해체이며, 유명인의 얼굴 같은 것이 있다면 그것은 바로 북아프리카에서 이주한 어느 파리지앵의 어두운 얼굴, 즉 자크 데리다의 얼굴이다. 이번 장에서는 데리다의 가장 유명한(악명 높은) 주장인 "텍스트 바깥에는 아무것도 없다"를 통해 해체의 중심 주제를 살펴볼 것이다.

커튼 걷기: ⟨메멘토⟩

레니(레너드)에게는 문제가 하나 있다.[1] 사실 그에게는 문제가 많지만ㅡ정말이다!ㅡ한 가지 문제가 두드러진다. 그는 5분 전에 한 일을 기억하지 못한다. 아내의 죽음과 관련한 비극적 사건 이후 레니는 새로운 기억을 가질 수 없다. 그는 사고 **이전의** 모든 것을 기억

---

[1] 크리스토퍼 놀란(Christopher Nolan)이 각본을 쓰고 감독한 ⟨메멘토⟩(*Memento*), DVD, (Culver City, CA: Columbia TriStar Home Entertainment, 2001).

할 수 있기 때문에 일상생활을 영위하는 방법을 기억할 수 있다. 먹는 법, 운전하는 법, 그리고 아주 중요한, **쓰는 법**.[2] 그러나 그는 자신이 운전하는 동안 왜 차에 탔는지 기억하지 못한다. 혹은 레스토랑에 들어갔을 때 왜 들어갔는지 기억하지 못한다. 최근에 알게 된 사람을 만나러 갔을 때, 그는 그녀가 어떻게 생겼는지 기억하지 못한다. 모텔 관리자가 금방 알아차린 것처럼, 레니는 몇 개의 방을 체크인했는지 기억하지 못한다. 모텔에 수지맞는 먹거리를 제공하고 있는 셈이다.

그렇다면 단기 기억이 없는 사람은 세상을 어떻게 살아가는가? 왜 차에 탔는지 기억하지 못하면 어떻게 운전해서 출근할 수 있는가? 얼굴을 기억하지 못하면 어떻게 새 친구를 사귈 수 있는가? 책을 읽은 지 5분만에 첫 장을 잊어버리면 어떻게 책을 읽을 수 있는가? 이러한 난제에 직면해 레너드는 기지를 발휘해 '시스템'을 고안한다. 다른 사람들이 레너드와 같은 상황에 처했다면 살아남지 못했을 것이다. 그들에게는 시스템이 없었기 때문이다. 그 시스템은 간단하다. 바로 **쓰기**(writing)다. 레너드가 존재를 찾아 나가는 일은 쓰기에 의해, 기억을 대신하는 텍스트와 메모—폴라로이드 사진[3]

---

2   레너드는 계속해서 이렇게 주장한다. "나는 내가 누군지 알아. 나에 대한 모든 것을 알고 있다고." 사실, 이는 테디가 그에게 계속해서 상기시키듯 진실과는 거리가 멀다. "너는 네가 누군지 몰라." 레너드는 단지 그가 누구였는지 알 뿐이다.

3   시각 이미지는 결국 단어에 종속된다. 글 없는 그림은 레니에게 쓸모없기 때문이다. 그는 사진에 글을 써서 그것들이 무엇인지 혹은 그들이 누구인지 떠올린다. 레니에게는 이미지를 해석하기 위한 텍스트가 필요하다.

을 동반한—모음에 의해 좌우된다. 그의 주머니는 자그마한 텍스트로 가득 차 있다. 어떤 텍스트는 냅킨에 쓰여 있고, 또 어떤 텍스트는 폴라로이드 사진에 쓰여 있다. 이 모든 텍스트는 그가 자신의 세계를 이해하는 틀을 규정한다. 그의 주머니에는 "내 차"라는 텍스트가 적힌 그의 재규어 차량 스냅 사진이 있으며, 이를 통해 그는 주차장에서 어떤 차량이 그의 것인지 떠올린다. 그의 모든 지인도 비슷한 방식으로 기록되었다.

그러나 텍스트와 쓰기라는 방식은 두 가지 원칙 혹은 믿음에 기초해 작동한다. 첫째, 당신 자신의 필체만 신뢰하고 당신이 알아보기 어려운 모든 기록을 의심하라. 둘째, 정말 중요한 정보는 냅킨에 쓴 메모에 맡겨 두어선 안 된다. 필수 정보는 몸에 써야 한다. 따라서 레너드는 걸어 다니는 텍스트다. 그의 몸은 문신으로 새겨진 알림으로 뒤덮여 있다. (아내 피살 같은) 역사적 사건, ("출처를 생각하라", "기억은 배신이다" 같은) 기본 원칙, 그가 조사하고 있는 아내 피살 사건에 대한 '사실' 등(레너드는 문자 그대로 복수를 위해 산다). 레너드의 몸은 수많은 정보의 원천이므로, 그는 거울 앞에서 많은 시간을 보내며 그가 사는 세계의 현실, 즉 무슨 일이 벌어졌는지("존 G는 내 아내를 강간하고 죽였다"), 그가 무엇을 하고 있는지(아내의 복수를 하려 한다), 그가 누구를 찾는지(찾기 어려운 "존 G"), 사실은 무엇인지, 그가 가진 기본 신념은 무엇인지("반복하면서 배워라", "네가 약한 부분에는 의존하지 마라", "카메라는 거짓말을 하지 않는다" 등)에 대해 떠올려야 한다. 레너드가 세계와 맺는 관계 전체가 텍스트—일부 내용은 몸에 있고 더 많은 내용은 메모로 갈겨 쓴—를 통해 이루어지며, 이 모든 텍스트는 그가 세계를 보는 틀로 기능한다.

이 텍스트가 없으면 레너드는 말 그대로 세계를 경험할 수 없을 것이다. 경험을 하려면 시간이 지남에 따라 감각을 통합하는 능력이 있어야 한다. U2의 노래를 들으며 '이해했다'고 하려면, 처음부터 끝까지 듣고서 들은 내용을 통합할 수 있어야 한다. 레너드의 상태 (condition)로는 이것이 불가능하다. 노래가 끝날 즈음 레니는 처음 부분을 잊어버린다! 레너드가 자신의 경험을 모아 둘 수 있는—그 래서 경험 세계 같은 뭔가를 갖는—유일한 길은 그의 세계를 조립해 주는 일련의 메모/텍스트다. 레너드에게 텍스트가 없다면 세계도 없다. 그리고 레너드에게 펜이 없다면 텍스트도 없다. 그래서 나탈리 같은 사람이 레너드의 세계를 바꿔 놓아 그를 조종하고 싶다면, 펜을 전부 지갑에 넣어 버리기만 하면 된다! 근심스런 일—레너드는 기억하려 하지만 나탈리는 레너드가 잊었으면 하는 일—이 발생해도 필기구가 없다면 그 일은 레너드의 세계에서 지워진다.

물론 이런 방식에는 문제가 있다. 나탈리의 지적처럼 말이다. "종이 쪼가리 몇 개로 살아가려니 매우 힘들겠지. 세탁물 목록과 식료품 목록을 섞어 버리면 넌 결국 아침에 속옷을 먹게 될 거야!" 메모로 이루어진 세계에서 텍스트를 가지고 살아가는 데는 의심과 불안이 따른다. 레너드는 자신이 가진 텍스트가 마음 바깥의 세계를 정말 나타내는지 어떻게 아는가? 사실 이것은 그에게서 사라지지 않는 의심 가운데 하나로, 그에게 끊임없이 신뢰하고 믿음을 재확신하기를 요구한다. 레너드가 가진 토대 믿음은—스스로 계속 떠올려야 하지만—그의 정신 바깥에 세계가 **있다**는 것이다. 영화 마지막(이야기가 시작하는 지점)에서 그가 고백하듯 말이다. "나는 내 정신 바깥의 세계를 믿어야 해. 기억나지 않더라도, 내 행동에는 여전히 의미가 있다고 믿어야 해. 내가 눈을 감을 때에도 세계는 여전히 거기 있음을 믿어야 해. 내가 … 믿는 건가?" 궁극적으로 그가 스스로에게 던지는 질문은 정신 바깥에 세계가 존재하는지 여부가 아니라 그가 그것을 믿는지 여부다.

데리다의 주장: 텍스트 바깥에는 아무것도 없다

많은 사람이 자크 데리다를 일종의 철학적 레너드라고, 혹은 반대로 〈메멘토〉를 '해체적' 영화라고 말한다. 데리다가 1967년에 고안한 용어인 "해체"(deconstruction)는 가장 구어적인 미국 어휘에도 들어갔으며, 건축 및 뮤직비디오에서 키라임 파이(key lime pie, 키라임을 사용해 만드는 파이로, 미국 플로리다주의 전통 음식이다—옮긴이)에 이르기까지 모든 것을 설명하는 데 사용된다. 종종 해체는 단순히 파괴(destruction) 혹은 비판과 동의어로 사용되기에, 무언가를 '해체한다'는 것은 그것을 분해하는, 철거하는, 조각조각 떼어 내는 것을 의미한다. 그러나 데리다가 1960년대 후반에 이 용어를 도입할 때, 용어를 통해 일종의 비판을 의도했더라도 그 용어를 주로 부정적 개념으로 사용하려고 의도하지는 않았다. 데리다에게 해체는 결국 긍정적이고 건설적인(constructive) 개념이다. 나중에 이를 다시 설명하겠다.

레너드와 데리다, 〈메멘토〉와 해체는 무슨 관계가 있는가? 텍스트나 글쓰기의 주된 역할은 세계에 대한 우리의 경험을 매개하거나 한데 모으는 것이다. 레너드와 데리다 모두에게, 언어는 세계가 우리에게 오는 데 필요한 필터다. 레너드가 자신의 세계에 일관성과 질서를 부여하고자 메모 쓰기에 의존하는 것처럼, 데리다는 우리 모두가 (폭넓게 이해되는) 언어를 기초로 세계를 해석한다고 주장한다. 〈메멘토〉는 레너드가 자신도 다른 사람과 다르지 않다고 주장하면서 끝난다. 어떤 면에서는 이것이 데리다의 핵심 주장이다. 레니처럼 우리 모두에게는 세상을 살아가기 위한 커닝 페이퍼가 필요하다. 그의 최초 저작 중 하나로 1967년에 (프랑스에서) 출간된 작품에서, 데리다는 바로 이 유명한 말을 남긴다. "텍스트 바깥에는 아무것도 없다"(Il n'y a pas de hors-texte).[4]

이제 이 주장이 '범퍼 스티커'식 접근법에 의해 어떻게 오해를 받았는지 검토해 봐야 한다. 누군가—특별히 철학자—가 텍스트 바깥에는 아무것도 없다고 주장하는 것은 마치 온 세상이 일종의 책이라고, 즉 컵이나 식탁이나 배우자 같은 것은 없다고 주장하는 것처

---

4   Jacques Derrida, *Of Grammatology*, trans. G. Spivak (Baltimore: Johns Hopkins University Press, 1976), p. 158. 『그라마톨로지』(민음사). 이후에 본문에서는 *OG*로 표기한다.

럼 들린다. 텍스트 바깥에 아무것도 없다면 우리에게는 텍스트밖에 없으며, 우리에게 텍스트밖에 없다면 우리에게 사물은 없다. 다시 말해, 데리다의 말은 (버클리 같은) 형이상학적 관념론자(유심론자), 즉 물질적인 것은 없으며 신의 정신 안에 있는 관념만이 존재한다고 주장하는 사람의 말처럼 들린다. 많은 사람이 그렇게 데리다를 언어만 있고 사물은 없다고—텍스트만 있고 컵이나 식탁은 없다고—생각하는 언어 관념론자로 이해했다. 이것이 그리스도인, 특히 그리스도교 신학자들이 대체로 그를 이해하는 방식이다.

당연히 그리스도인은 적어도 두 가지 이유로 언어 관념론자(단어만 있고 사물은 없다고 생각하는 사람)가 될 수 없다. 첫째, 텍스트 바깥에 아무것도 없다면, 세계와 구별되고 세계보다 앞선 초월적 창조자는 존재할 수 없다. 이런 의미에서 언어 관념론은 무신론으로 이어진다. 데리다가 언어 관념론자라면, 해체와 그리스도교 신앙은 상호 배타적이다. 둘째, 텍스트 바깥에 아무것도 없다면, (명백히 텍스트인) 성경에서 말하는 바—성경이 지시하는(refer) 바—는 실제가 아니다. 성경에서 성육신이나, 예수의 사역이 일으키는 효과나, 천상의 영역에서 일어나는 영적 전쟁을 말할 때, 이것들이 지시하는 대상은 분명 실재가 아니다. 그러나 성경에서 주장하는 내용이 실제가 아니라면, 즉 예수께서 실제로 육신이 된 하나님(요 1:14)이 아니거나, 십자가에서 일어난 예수의 죽음이 우주적 변화에 영향을 주지(골 1:20) 않았다면, 그리스도교는 기껏해야 허구이며 최악의 경우 시간 낭비일 뿐이다. 따라서 대체로는, 텍스트 바깥에는 아무것도 없다는 데리다의 주장은 진정한 그리스도교 신앙고백과 상반된다는 결론을 내린다.

하지만 이 결론에는 문제가 있다. 특히, 이 결론은 잘못된 전제, 즉 데리다가 텍스트 바깥에는 아무것도 없다고 말할 때 그가 의미했던 바에 대한 심각한 오해에 의거한다. 이어지는 논의에서는 데리다의 주장을 둘러싼 더 큰 그림을 주의 깊게 살펴보고, 사실 데리다는 창조의 구조를 이해하는 통찰력을 제시한다고 제안할 것이다.

인간의 조건인 레너드의 조건: 읽기, 쓰기, 해석하기

텍스트 바깥에는 아무것도 없다는 데리다의 도발적 주장은 읽기와 해석을 논하는 맥락에서 나온다. 데리다가 말하는 바의 뉘앙스를 이해하기 위해 그 구절을 좀 더 자세히 숙고해 보자. 포스트모더니즘을 공정하게 대하려면, 자비로운 마음을 갖고—자비는 시간을 요구한다—논의에 임해야 한다.

데리다가 이 주장을 펼친 책 『그라마톨로지』에서, 그는 초기 근대 사상가인 (제네바의) 장-자크 루소의 논문 "언어의 기원에 관하여"(On the Origin of Language, 『언어 기원에 관한 시론』, 책세상 역간)를 광범위하게 분석한다. 루소의 글은 데리다가 깊이 흥미를 가진 주제를 다룬다. 루소는 언어의 기원에 대한 물음에 답하면서, 언어는 세계에 다가가지 못하게 하는 장애물이라고, 즉 언어가 세계 자체를 경험하는 데 방해가 된다고 생각하는 경향이 있다. 언어는 우리가 세상을 바라보는 렌즈다. 약간 왜곡이 있긴 하지만 언어는 우리가 세계를 바라보는 렌즈인데, 그저 이 렌즈가 우리와 세계 사이에 있기 때문이다. 렌즈가 있으면 곧 왜곡이 있다. 이 렌즈를 며칠 동안 닦거나 가능한 한 얇게 갈 수 있지만 렌즈는 매개이며, 루소가 보기에 매개가 있으면 곧 왜곡이 있다. 따라서 루소는 언어를, 그저 '있는 그대로'의 세계에 대한 순수한, 매개되지 않은 경험을 타락시키는 방식으로 우리에게 닥쳐오는 우연적 악(contingent evil) 같은 것이라고 주장한다. 〈메멘토〉의 레너드처럼, 우리에게는 세계에서 살아가기 위해 언어를 사용해야 한다는 조건(질병, 병증)이 있다. 루소는 우리가 이 조건에 얽매이지 않고 매개 없이―우리와 세계 사이에 아무것도 없이―그저 있는 그대로의 세계를 경험할 수 있던 (그가 "자연 상태"라고 부르는) 좋은 옛 시절을 그리워한다. 다시 말해, 루소가 보기에 언어라는 렌즈를 끼워 넣는 순간 우리는 세계를 해석해야 한다. 매개가 있으면 곧 해석이 있다. "자연 상태"는 사물을 '해석할' 필요가 없는 직접적인 무매개적 상태다. 우리는 그것이 무엇인지 그냥 '안다.' 저것은 컵이다. 저 사람은 내 아내다. 이것은 컴퓨터다. 분명하고 간단하다.[5] 루소가 보기에 레너드는―그의 상태(조건)를 생각하면―기이한 사람, 말 그대로 **부**자연스러운 사람이다.

---

5   내가 쓴 *Fall of Interpretation: Philosophical Foundations for a Creational Herme-neutic* (Downers Grove, IL: InterVarsity, 2000)에서 직접성의 해석학을 더 자세히 분석했다. 『해석의 타락』(대장간).

하지만 해석 없는 시대가 있었는가? 해석하지 않는 시대가 올 것인가? 컵을 그저 '있는 그대로' 본 적이 있는가? 데리다로 돌아가자. 루소는 자신의 주장을 16세기에—근대성이 탄생하던 시기 한복판에서—제기했지만, 데리다가 보기에는 21세기를 살아가는 우리 대다수가 기본적으로 루소주의자다. 우리가 읽기를 어떻게 생각하는지 보면 이 점이 분명해진다.

종종 우리는 읽을 때—성경 주해는 이에 대한 훌륭한 사례 연구다—책의 텍스트나 언어는 저자의 원래 의도를 복원하기 위해 **통과**해야 하는 것이라고 상상한다. 다시 말해, 텍스트는 저자의 생각이나 지시 대상(텍스트가 가리키는 대상) 등 텍스트 이면에 있는 것에 도달하기 위해 뛰어넘어야 할 장애물—혹은 통과해야 할 커튼—이 된다. 때때로 우리는 그러한 과정에는—시를 읽거나 C. S. 루이스(Lewis)의 우화적 작품을 읽을 때처럼—해석이라 불리는 번거로운 일이 필요하다는 사실을 인정한다. 그리고 텍스트를 이해하기 위해 해독해야 할 일종의 암호가 있다는 점을 인정한다. 그러나 대체로 우리는 해석을 한다고 생각하지 않는다. 그냥 읽는다. 이 경우 우리가 생각하는 텍스트가 명확하기에 해석이 필요하지 않다고 여긴다. 어떠한 배경이나 맥락이 필요할 수도 있지만, 일단 그러한 조각들이 자리를 잡으면 해석은 필요하지 않다. 오히려 텍스트는 일종의 투명성을 띠므로 우리는 텍스트가 의미하는 바를 그냥 알 수 있다. 자신의 세계를 설명하기 위해 메모와 텍스트가 필요했던 레너드와 달리, 우리는 그런 보조 자료 없이 돌아다닐 수 있다. 나는 신문을 읽으며 '해석'할 필요가 없다. 그냥 읽으면 된다. 우리 대부분이 성경을 읽을 때도 마찬가지다. 물론 몇몇 구절은 어렵고, 아가서의 시가 우리를 당황스럽게 하기도 하지만, 바울의 로마서를 읽을 때는 그 의미가 명확하다. 단지 배경과 맥락을 알려 주는 주석만 준비하면 된다. 그러한 주석은 텍스트를 깨끗하게 하는 천과 같아서, 텍스트를 투명하게 닦아 내 해석이 필요 없게 만든다.

데리다는 이런 종류의 읽기[그는 이를 "이중 주석"(double commentary)이라 부른다]를 인식하며, 심지어 이런 종류의 기획을 위한 시간과 장소가 있음을 인정한다. 하지만 그가 우려하는 바는 여기에 일종의 루소식 순진함이 가정되어 있다는 점이다. 왜냐하면 해석을 수반하지 않는 읽기가(심지어 경험이) 있을 수 있다고 가정하고 있기 때문이다. 다시 말해, 그런 ('정상'이거나 '치유되었'거나 '구속된', 즉 어떤 '조건'에 얽매이지 않는) 읽기는 우리가 레너드와 다르다고 가정한다. 레너드는 기이한 사람이다. 우리는 정상이다. 레너드에게는 메모와 텍스트가 필요하다. 우리는 세계를 그저 '있는 그대로' 볼 수 있다. 우리는 텍스트를 읽을 때 그 텍스트를 통과하여 텍스트 이면에 있는 내용이나 텍스트가 가리키는 바에 다다를 수 있다.

데리다에게 이는 순진한 가정인데, 그런 가정에서는 우리가 결코 텍스트 '이면' 혹은 '이전'으로 갈 수 없음을 인식하지 못하고 있기 때문이다. 우리는 결코 해석의 영역을 넘어서 순수 읽기의 왕국 같은 곳에 도달할 수 없다. 우리는 결코 자기 살갗 밖으로 나올 수 없다. 텍스트와 언어는 우리가 언어 없는 세계나 해석이 필요 없는 자연 상태에 도달하게 하는 것이 아니다. 텍스트를 『이상한 나라의 앨리스』식 거울이라고 본다면, 거울에 비친 것은 언어나 해석이 없는 세계가 아니라 그야말로 더 많은 텍스트와 해석이 있을 뿐이다. 경험이라는 토끼 굴로 내려가면 온통 언어가 있다. 따라서 "텍스트 바깥에는 아무것도 없다"라는 유명한 주장을 하기 전에 데리다는 이렇게 말한다. 읽기나 해석은 "텍스트를 넘어 텍스트가 아닌 다른 무언가로, 텍스트가 지시하는 대상으로 … 혹은 텍스트 바깥의 기의로, 즉 그 내용이 언어 바깥에서(다시 말해, 우리가 여기서 저 단어에 부여하는 의미에서는 대개 글쓰기 바깥에서) 일어날 수도 있고 일어났을 수도 있는 기의로 정당하게 넘어갈 수 없다"(*OG*, p. 158). 다시 말해, '파란 컵이 순례자의 식탁 위에 놓여 있었다'라는 텍스트가 한 줄 있고 내가 그 의미(식탁 위에 파란 컵이 놓여 있는 모습을 떠올릴 수 있다)를 이해한다고 할 때, 데리다에 따르면 나는 해석의 영역에서 벗어난 게 아니다. 해석은 우리가 더 이상 해석할 필요가 없는 무매개적 경험이라는 영역에 마침내 다다르기 위해 통과해야 하는 일련의 문들이 아니다. 오히려 해석은 인간이 되고 세계를 경험하는 일에서 불가피한 부분이다. 그러므로 식탁 위에 놓인, 내가 '직접' 커피를 담아 마시는 이 파란 컵조차도 이를테면 여전히 해석의 문제다.

데리다가 우리는 텍스트 너머에 혹은 텍스트 이면에 있는 지시 대상(혹은 기의)에 다다를 수 없다고 말할 때, 그는 이를 급진적인 방식으로 말했다. 이를 이해하는 덜 급진적인 방식이 몇 가지 있고, 그도 그 점을 언급하긴 했지만 강조하지는 않았다. 첫째, 데리다가 텍스트 바깥에는 아무것도 없다고 주장한 것은 단순히 "장-자크의 삶, 혹은 엄마나 테레즈의 존재가 **그 자체로** 우리의 주요 관심사가 아니기"(*OG*, p. 158) 때문이 아니다. 다시 말해, 데리다는 엄마가 존재하지 않는 **것처럼** 행동해도 되며 텍스트가 실제로 무엇을 지시하는지 신경 쓰지 않은 채 텍스트를 다루어도 된다는 뜻으로 말하는 게 아니다. 텍스트 바깥에 아무것도 없다는 것은 우리가 선택할 수 있는 자발적 조건이 아니다. 둘째, 데리다가 텍스트 바깥에 아무것도 없다고 주장하는 것은 단순히 "우리는 텍스트에서만 이른바 '실제' 존재에 접근할 수 있으며 이를 바꿀 수단도 없고 이 제약을 무시할 권리도 없기 때문"(*OG*, p. 158)만은 아니다. 예를 들어, 이제는 플라톤이나 아리스토파네스의 텍스트를 통해서만 소크라테스에 접근할 수 있기 때문에 텍스트 바깥에는 소크라테스가 없다고 주장할 수도 있다. 그런 의미에서 텍스트 바깥에는 소크라테스가 없을 것이다.

이 두 이유 모두 텍스트 바깥에는 아무것도 없다고 선언할 근거로 충분하겠지만, 데리다는 "더 근원적인 이유가 있다"(*OG*, p. 158)고 말한다. 그는 계속해서 이렇게 언급한다. "우리가 루소의 텍스트 안에 있다고 생각하는 것 너머와 이면에, 우리가 '살과 뼈'를 지닌 이 존재들의 진짜 삶이라고 부르는 것에는 글쓰기 외에 아무것도 없었다"(*OG*, p. 159). 쓰기나 텍스트는 우리가 사물에 다다르기 위해 통과해야 하는 입구나 해석되지 않은 현실에 접근할 수 있는 관문이 아니다. 오히려 데리다가 텍스트 바깥에는 아무것도 없다고 주장할 때 그가 의미하는 바는, 언어라는 매개 렌즈를 통해 늘 이미 해석되지 않은 현실은 없다는 것이다.[6] 데리다에게 텍스트성(textuality)은 해석과 연결된다. 텍스트 바깥에는 아무것도 없다는 주장은 모든 것이 텍스트라는 말인데, 이 말은 모든 것이 책이라거나 우리가 거대한, 모든 것을 에워싼 책 안에서 살고 있다는 뜻이 아니다. 오히려 모든 것은 경험되려면 해석되어야 한다는 뜻이다. 따라서 데리다는 컵과 식탁이라는 물질적 존재를 부정하는 언어 관념론자가 아니다. 오히려 마르틴 하이데거(그의 『존재와 시간』[Being and Time])의 연장선상에서, 해석의 편재성 즉 우리의 모든 경험은 항상 해석임을 주장하는 포괄적 해석학자(comprehensive hermeneuticist)—더 나은 용어를 찾지 못해 이렇게 부른다—라 부를 만한 사람일 것이다.

해석이 필요한 텍스트가 나와 세계 사이에 삽입된 게 아니다. 오히려 세계가 해석을 필요로 하는 일종의 텍스트**이다.** 컵을 '직접' 혹은 '실물로' 경험할 때도 나는 컵을 컵이라고 해석하며, 이 해석은 내가 사물을 접하는 맥락, 나의 역사와 배경, 내가 경험할 때 가져오는 일군의 전제 등 다른 여러 가지에 의해 영향을 받는다.[7] 이 모

6   따라서 나는 〈메멘토〉의 레너드가 완전히 데리다주의자는 아님을 인정한다. 레너드는 여전히 해석의 문제와 무관한 사실이 있다는 관념을 가지고 행동한다. 레니는 '기억은 해석'이지만 그의 몸 위에 쓴 사실은 그렇지 않다고 생각한다. 그러나 영화에서는 레너드의 순진한 구분을 허물어 버린다. 그가 적어 둔 중요한 사실 가운데 하나(테디 사진에 적힌 차량 번호)는 그가 누군가를 추적하여 잡도록 완전히 조작되었기 때문이다.

7   내가 쓴 Fall of Interpretation, 특히 5장에서는(4장에서는 데리다에게 초점을 맞춘다) 해석의 과정 및 조건을 더 자세히 분석했다.

든 조건을 고려할 때, 내가 경험하는 사물은 해석 대상이며, 그런 만큼 **각기 다른** 해석 대상이다. 영화에서 또 다른 예를 검토해 보자. 〈메멘토〉의 머리 아픈 세계 말고 〈인어공주〉(*The Little Mermaid*)의 디즈니 세계를 보자. 나는 주인공 에리얼이 소비주의 욕망에 함몰되어 있다고 생각하지만, 영화에 대한 확장된 사회적 비평은 괄호 안에 넣어 두고 여기서는 사물에 대한 우리의 직접적 경험 자체에 해석이 필요하다는 점을 보여 주는 한 장면만 살펴보겠다.

에리얼은 트라이튼왕의 딸로 해저 세계의 모든 것을 소유하고 있지만 여전히 더 많은 것을 원한다. 실제로 이 영화의 주제가는 에리얼의 열렬한 호소(cri de coeur)로, 인간 세상의 일부가 되고 싶은 그녀의 간절한 욕망을 표현한다. 여전히 해수면 아래에 갇혀 사는 에리얼은 가끔 수면 위로 올라와 갈매기 스커틀과 어울린다. 스커틀은 바다 위에 살면서 선원과 육지 사람이 사는 인간 세계와 접촉한다. 그래서 스커틀은 에리얼이 사는 해저 세계와 에리얼이 합류하기를 욕망하는 인간 문화 사이에 있는 매개자다. 에리얼이 자신의 욕망을 품는 한 가지 방법은 인간 세계의 가공품을 수집하여 에리얼의 해저 인류 박물관인 분더짐머(Wunderzimmer), 즉 '경이의 방'(room of wonders)에 보관하는 것이다. 스커틀은 에리얼의 주요 공급원 중 하나로, 에리얼을 위해 물품을 구해다 줄 뿐만 아니라 물품의 이름을 말해 주고 설명도 해 준다. 우리가 파이프 담배라고 알고 있는 것을 주면서, 스커틀은 에리얼에게 그것이 입을 대는 부분에 바람을 불어넣어 연주하는(또한 거품을 만드는) 데 쓰는 '스노플랩'

이라고 말한다. 스커틀은 포크를 가져와 에리얼의 수집품에 추가하면서 이를 '딩글호퍼'라 부르고 빗이나 브러쉬처럼 헤어스타일링을 하는 데 쓰는 물건이라고 설명한다. 에리얼이 수집한 각 물품은— 그리고 그 물품이 무엇인지에 대한 에리얼의 이해는—스커틀의 설명에 달려 있다.

에리얼은 여러 책략을 써서 마침내 인간 세계로 진출할 기회를 얻는다. 특히 수면 위를 여행하다 첫눈에 반했던 왕자의 사랑을 차지할 수 있는 기회가 주어졌다. 인간 문화를 모험하고자 에리얼이 치른 대가 중 하나는 마녀에게 아름다운 목소리를 팔아 버린 것이었다. 그래서 에리얼은 왕자를 만났을 때 말하거나 자신에 대해 설명하지 못했다. 비록 말을 하지 못했지만 에리얼은 매력적이고 아름다웠으며, 왕자는 자신의 성에서 식사를 하자며 에리얼을 초대한다. 에리얼은 흔쾌히 수락하고 어느새 왕자의 식탁에 앉는다. 바로 이 인간 세계와 교제하는 자리 말이다. 물론 이 세계는 자신의 세계가 아닌지라, 에리얼은 (걷는 법을 배우는 것 외에도) 경험을 통해 길을 찾는 데 어려움을 겪는다. 식사 자리에 앉은 에리얼은 이 낯선 세계에서 마침내 익숙한 무언가를 발견하고는, 이 문화적 가공품을 다루는 솜씨를 보여 주고 싶어 한다. 에리얼이 알아본 것이—혹시? —**딩글호퍼**가 아니면 무엇이겠는가? 에리얼은 즉시 그 물품을 쥐고 오래 써 온 사용자처럼 능숙하게 머리를 빗기 시작한다. 당신도 예상했겠지만, 왕자는 포크를 이상하게 사용하는 모습에 당황한다.

우리 바로 앞에 있는 식탁 위에 놓인 이 사물—이상한 모양을 지닌 금속 조각—조차도 해석 대상이다. 우리 경험의 지평, 우리의 과거 역사, 우리가 들은 내용, 그렇게 우리가 경험으로 가져오는 모든 전제가 주어져 있을 때 우리는 즉시 그 대상을 포크로 본다(정말로 포크가 **아닌** 다른 것으로 보기 어렵다).[8] 그러나 에리얼은—다른 역사, 다른 경험, 따라서 다른 전제를 가지고서—그 물품을 딩글호퍼로 해석한다. 우리가 대상을 해석하지 않는 것처럼 보이더라도 실제로 우리는 매우 빨리, 그에 대해 생각조차 하지 않고 해석을 진행하기 때문에, 마치 우리가 해석에 관여하지 않는 것처럼 보일 수 있다. 그러나 대상을 포크로 이해하는 속도가 해석이라는 사실이나 관련된 해석 과정을 부정하지는 못한다. 따라서 우리는 텍스트와 해석을 넘어 (루소가 생각한 것처럼) 무매개적 방식 같은 것을 통해 사물을 '있는 그대로' 받아들이는 게 아니라, 해석에서 해석으로 나아간다. 모든 세계가 텍스트다. 따라서 "텍스트 바깥에는 아무것도 없다."

---

8   어린이의 지평은 유동적이고 퇴적되지 않았기에, 어린이는 어른이 보지 않는 방식으로 세상을 볼 수 있다. 속바지 한 벌이 우주 헬멧으로 이해될 수도 있고, (북미 문화에서) 거의 모든 남자아이는 어떤 물건이든 총으로 보기 쉽다. 경험을 쌓으면서 우리의 지평과 전제는 굳어지기 시작하고, 결국 우리가 보는 것은 점점 더 빨리 결정되고 습관화된다. 그러면서 동시에, 다른 식으로 보는 데 덜 개방적으로 변하는 것 같다. 많은 20세기 예술(예컨대 피카소)은, 이를테면 '어린이의 눈으로' 다르게 보도록 우리를 초대해 우리의 기대 지평을 다시 한번 유동적으로 만들려 했다. 그래서 피카소는 자기 작품의 핵심을, 어른처럼 배운 것을 잊고 어린이처럼 세계를 보는 법을 회복하는 것이라고 말한 적이 있다(E. H. Gombrich, *The Story of Art*, 16th ed. [London: Phaidon, 1995], pp. 573, 575, 『서양미술사』, 예경). 우리가 '어린이처럼' 신앙을 갖도록 초대받았음을 고려할 때, 아마도 이는 우리의 기대 지평을 퇴적시키기보다는 유동적인 상태로 유지함으로써 우리가 세상에서 하나님의 기적적인 사역을 보도록 우리를 개방하는 일을 수반할 것이다.

데리다는 우리가 마주하는 물질적 현상—포크와 컵 같은—이 책과 우리 지성 바깥에 존재한다는 사실을 부정하지 않는다. 본인이 거듭 강조했듯, 데리다는 언어 관념론 같은 것을 옹호하지 않는다.[9] 따라서 그리스도교 사상가들이 초기에 데리다를 비판한 내용은 핵심을 놓친 것이다. 그러나 이것이 데리다가 그리스도인들을 불안하게 하는 주장을 전혀 하지 않았다는 뜻인가? 우리는 데리다의 주장에 담긴 의미를 이해하고자 주의하면서, "텍스트 바깥에는 아무것도 없다"라는 말을 '모든 것은 해석이다'라는 공리로 느슨하게 번역할 수 있다. 즉 다시 말해, '처음부터 끝까지 해석이다.' 많은 그리스도인이 이렇게 표현을 바꾼다고 해서 그리 개선된 것으로 보지는 않을 것이다. 어떤 이유에서인지 이 지점에서 많은 그리스도인은 불안해하며 '모든 것은 해석이다'라는 주장이 그리스도교 신앙에 반하는 것이라 가정한다. 데리다의 주장을 언어 관념론이 아니라 편재적 해석으로 이해하더라도, 데리다의 주장이 그리스도교 신앙에 반하는 세 번째 이유가 있는 것 같다. 모든 것이 해석이라면 복음조차도 해석일 뿐 객관적 참이 아니다.

---

9 훗날 데리다는 "텍스트 바깥에는 아무것도 없다"라는 말은 "사람들이 주장하는 것처럼, 혹은 순진하게 생각한 다음 [나도] 그렇게 생각하고 있다고 혐의를 제기한 것처럼, 모든 지시 대상이 유예되거나 부정되거나 책 안에 갇힌다는 의미가 아님"을 강조한다(afterword to *Limited Inc*, trans. Samuel Weber [Evanston: Northwestern University Press, 1988], p. 148). 더 자세한 논의는 내가 쓴 "Limited Inc/arnation: The Searle/Derrida Debate Revisited in Christian Context," in *Hermeneutics at the Crossroads: Interpretation in Christian Perspective*, ed. Kevin Vanhoozer, James K. A. Smith, and Bruce Ellis Benson (Bloomington: Indiana University Press)을 보라.

십자가 아래 선 데리다

데리다에 대한 이 비판을 더 신중하게 검토해 보자. 텍스트 바깥에는 아무것도 없다는 주장이 모든 것은 해석임을 의미한다면, 복음은 단지 해석일 것이다. 복음이 단지 해석이라면, 이는 다른 해석이 있을 수 있다는 뜻이다. 복음이 단지 해석이며 다른 해석이 있을 수 있다면, 우리는 복음이 참인지 알 수 없다. 이런 비판의 한 가지 유형을 D. A. 카슨(Carson)의 이머징 교회 비판에서 찾을 수 있다. 카슨이 분명히 우려하는 바는, 스탠리 그렌츠(Stanley Grenz), 브라이언 맥클라렌을 비롯하여 (그가 말하는) '강한 포스트모더니스트들'이 절대적 혹은 '객관적' 진리라는 근대의 개념을 거부하므로 아예 진리를 포기한 것이라는 점이다. 그러나 카슨의 비판을 보면 그가 진리와 객관성을 혼동하고 있다는 점이 분명해진다. 카슨이 보기에는, '객관적으로' 알아야 '참으로' 안다고 말할 수 있다.[10] 카슨이 올바르게 지적하듯, 인간 지식은 결코 전지(全知)한 체할 수 없지만 이

---

10 D. A. Carson, *Becoming Conversant with the Emerging Church: Understanding a Movement and Its Implications* (Grand Rapids: Zondervan, 2005), pp. 105, 130–131, 143n46을 보라. 카슨은 이렇게 단순하고도 부당하게 두 개념을 결합함으로써 자신이 7장(pp. 188-200)에서 길게 열거한 구절 목록을 뒷받침한다. 카슨은 이 구절들을 성경이 근대 인식론의 객관성 개념을 지지하고 있다는 분명한 증거로 여기는데, 왜냐하면 이 구절들이 '진리'와 '앎'에 대해 말하기 때문이다. 그가 말하길, "객관적 진리"는 "역사적 그리스도교와 성경 자체가 항상 주장해 ⋯ 범주"다!(p. 126) 하지만 단순히 말해 이는 사실이 아니다. 뒤에서 보겠지만, 사실 성경은 우리에게 객관성이라는 개념을 거부할, 그러면서도 동시에 진리와 지식이라는 실재를 긍정할 이유를 제공한다.

는 우리가 유한하지만 실제적인 방식으로 안다고 주장할 수 없다
는 뜻은 아니다. 그러나 그는 유한한 지식을 긍정하면서 항상 객관
적 지식을 슬그머니 인정한다. 카슨은 객관성을 정의하지는 않지만
(그의 기획을 고려한다면 상당한 태만이다), 분명 이 말을 자명하게 주어
진 것이라는 암시를 담아 사용한다. 진리가 객관적이라면 이는 해
석의 문제가 아니라는 것이다. 따라서 데리다가 언어 관념론자가
아님에도 모든 것이 해석이라고 주장한다면, 카슨 같은 사람들의
주장에 따르면 그런 주장은 참된 것은 객관적이어야 한다는 (소위
성경적인!) 요구에 반한다. 복음이 해석이고 따라서 '객관적'이지 않
다면, 복음은 참일 수 없다.

이 쟁점을 제대로 다루기 위해 다시 천천히 살펴보겠다. 한편으
로, 이 비판은 옳다. **만약** 우리가 지식을 무매개적 객관성 혹은 '있
는 그대로'에 순수하게 접근하는 것(루소의 꿈)이라는 의미로 이해
한다면, 나는 복음이 해석이며 우리는 복음이 참임을 **알** 수 없다는
데 동의할 것이다.[11] 다른 한편으로, 이것이 정통 그리스도교 신앙
에 반한다고 결론 내리는 것은 잘못이다. 이 세 번째 유형의 비판은
해석의 본질 및 진실의 문제에 관한 부당한 가정으로 가득 차 있다.

---

11 여기서 나는, 지식을 전지(全知)와 동일시하고서 그런 지식은 유한한 존재에게 가능
하지 않으므로 우리는 지식에 관해서는 회의주의자가 될 수밖에 없다는 태도를 취하
는 흔한 포스트모던적 움직임을 거부해야 한다는 카슨의 주장에 동의한다(같은 책, pp.
104-107). 그런 유형의 포스트모더니즘에서는 여전히 지식에 대한 데카르트적 기준을
고수하나 동시에 그런 기준을 지키는 것이 불가능하다고 생각한다. 객관성 문제는 3장
에서, 왜 그리스도교는 메타내러티브가 아닌지 논하면서 더 살펴볼 것이다.

어떤 것이 해석이라면 그것은 참일 수 없다거나, 반대로 어떤 것이 참이라면 그것은 객관적이어야 한다고 가정하기 때문이다. 그런 식으로, 이 비판에는 해석이 세계와의 관계를 오염시키고 타락시키는 질병 — 레너드의 조건처럼 — 이라고 전제하는 루소식 관념이 숨어 있다. 그러나 어떤 것이 해석의 문제라는 사실이 해석은 참일 수 없거나 좋은 해석일 수 없음을 의미하지는 않는다. 내 앞에 있는 이 사물을 컵이라고 생각하고 커피를 마시는 데 활용할 때, 나는 컵을 해석하지만 또한 **잘** 해석하고 있다. 정말로, 컵은 어떤 주어진 사실 (brute fact)로 존재하지는 않지만 그것이 내가 컵을 해석하여 이해한 내용이 좋지 않거나 참이 아니라는 의미는 아니다.

사고 실험을 하면서 문제의 핵심을 파악해 보자. 우리의 핵심 질문은, 모든 것이 해석이라는 (말로 바꿔 표현한) 데리다의 주장이 정통 그리스도교 신앙에 반하는지 여부다. 내 생각에는 그렇지 않다. 이를 확인하기 위해, 1세기 초 예루살렘 거주자 두 명을 상상해 보자. 여기 특별한 날에 일어난, 우리에게 낯설지 않은 사건에 대한 설명이 있다.

그날은 유월절이었고, 다른 많은 사람 — 현지인과 축제 방문자 모두 — 처럼 우리도 총독 관저에서, 곧이어 도시 외곽 골고다에서 일어난 사건에 대해 들었다. 호기심에 — 우리는 종교 같은 바보짓에 너무 몰두했다 — 우리는 그 장면을 구경하기 위해 성문 밖으로 나갔다[거실에서 편하게 보는 사건을 실제로 본 것처럼 속이는 CNN은 아직 없었다]. 많은 소동이 있었다. 평소의 유월절 이상으로. 골고다 주위에서는 비웃음과 울음이 모두 들리는데, 어떤 이들은 조롱하고 또 어떤 이들은 흐느꼈다. 로마 군인들은 옷 조각을 걸고 도박을 했고(마 27:35), 종교 지도자들은 자신들의 권력을 흡족해했다. 당연히 이 언덕 위에 세워진 십자가에, 특히 가운데 달린 나사렛 사람에게 관심이 집중되었다. 우리는 수년 동안 말해 왔다. 나사렛에서 무슨 선한 것이 나올 수 있겠는가! 나사렛 사람들은 결국 종이나 죄수나 불행하게 사형을 선고받은 죄인이 되었다. 이번 일도 그 점을 다시 한번 확인시켜 준다. 이 나사렛 사람이 무기력하게 녹초가 되어 달린 가운데 십자가에는 그가 "유대인의 왕"이라고 선언하는 팻말이 붙어 있었다(다른 언어로도 쓰여 있었지만 무슨 말인지는 몰랐다). 이 여자들 모두가 실제로 그렇게 믿었기 때문에 우는 걸까? 궁금했다. 나무에 달린 자와 이 나사렛 사람에게 희망을 건 사람 중 누가 더 불쌍한지 알 수 없었다. 유대인의 왕. 이게 뭔가? 농담인가? 대제사장들이 우쭐해하며 웃는 걸 보니 분명 그런 것 같다.

점심 이후에 상황이 조금 이상해졌다. 오후 3시경까지 어두웠다. 하지만 당국에서는 나중에 이것이 일식이었다고 발표했다. 다시 밝아 오자, 이 불쌍한 나사렛 사람은 엘리야에 대해 뭔가를 불쑥 내뱉기 시작한다. 그러면서 마지막 남은 기력을 쓰고 십자가에 달린 채 죽어 버린 것 같다. 다른 십자가에는 또 다른 나사렛 사람, 또 다른 범죄자가 있었는데, 걱정거리는 아니었다. 우연히도 그 시간에 땅이 약간 떨려 소동이 있었지만, 군중은 곧 흩어지기 시작했다. 물론 여자들은 나사렛 사람이 왕이 될 수 있다는—우리는 이미 오래전에 그런 환상에서 치유되었다—순진한 희망을 여전히 붙잡고서 울면서 거기 남아 있었다. 그래서 우리는 호기심에 와 봤던 사람 대부분이 그렇듯, 집에 저녁 식사가 남아 있기를 바라면서 돌아가는 대열에 합류했다.

이제 다른 설명을, 즉 같은 오후 시간에 골고다에서 경비를 맡은 백부장의 설명을 검토해 보자(참조. 마 27:54).

내 번호가 왜 불렸는지 모르겠다. 그날에 이르기까지의 사건들에 대한 경험과 지식이 없었다면 말이다. 나는—나머지 동료들과 함께—예루살렘 밖에서 십자가형을 감시하는 임무를 맡았다. 이 일은 많은 면에서 내가 목격해 왔던 다른 십자가형과 같았지만, 특별히 웃기는 점이 있었다. 그날 우리는 나사렛 사람—나사렛 사람!—을 처형할 예정이었다. 스스로를 왕, '유대인의 왕'이라고 주장하는 사람. 우리 로마인은 물론 예루살렘의 종교 지도자들까지 모두가 그 농담을 알아들었기에, 나사렛 사람이 달린 십자가에 붙인 팻말은 의도된 것이었다.

내가 그런 상황에 익숙하게 된 배경이 된 경험은 다소 간접적이었다. 함께 아카데미를 다닌 동료인 오랜 친구 안토니우스는 이 사람을 직접 만난 적이 한 번 있었다[참조. 마 8:5-13]. 그가 나사렛에서 멀지 않은 가버나움에 배치되어 머물러 있을 때, 나사렛 출신 목수인 예수가 병을 고친다는 소식과 소문이 지역 전체에 돌곤 했다. 안토니우스의 시중을 들던 종은 병에 걸려 마비된 채 집에 누워 있었다. 안토니우스가 차마 볼 수 없는 고통이었고, 로마의 의사들도 무슨 병인지 진단하지 못했다. 절망스럽고 미칠 것 같은 아픔 속에서, 안토니우스는 고통에 신음하는 종을 위해 마지막 노력을 기울여 가버나움으로 향했다. 안토니우스가 나중에 내게 들려준 이야기처럼, 집을 나설 때 그는 정신 나간 절망의 상태였지만, 자신이 이 예수 가까이에 있음을 깨달았을 때 그는 희망을 갖고 정신을 차릴 수 있었다. 집을 나설 때는 희망이 거의 없고 의심이 가득했지만, 이 나사렛 사람 앞에서는 깊은 신앙과 커다란 희망으로 활력이 솟아남을 깨닫게 되었다. 안토니우스 자신조차 깜짝 놀랄 만한 확신을 갖고 그는 이 예수께 말했다. "말씀만 하소서. 그러면 제 종이 나을 줄 제가 아나이다." 안토니우스가 집에 도착했을 때 종은 이미 저녁 식사를 준비하고 있었다! 하지만 안토니우스는 놀라지 않았다.

나는 거기 없었지만 안토니우스의 이야기가 워낙 고양되어 있어서 다소 영향을 받긴 했다. 하지만 몇 달이 지나면서 그 이야기를 잊고 신경 끄게 되었다. 물론 나중에 그 나사렛 사람의 십자가형을 감시하라는 명령을 받았을 때 거기에는 분명 아이러니가 있었다. 하지만 삶은 그러한 재밌는 우연의 일치로 가득하다. 안토니우스의 이야기는 몇 번이나 기억의 동굴에서 의식으로 새어 나왔지만, 기껏해야 이 사람은 또 한 명의 범죄자, 또 하나의 나사렛 사람일 뿐이었다. 다른 날에는 또 다른 십자가형이 있을 것이다.

물론 이 특별한 십자가형은 다른 십자가형과 같지 않았다. 보통 대제사장과 종교 지도자는 이렇게 성문 바깥에서 떼를 지어 돌아다니지 않는다. 그리고 보통은 유대인의 십자가형을 기뻐하지 않는다. 또한 보통은 범죄자의 어머니가 십자가 아래서 울부짖는 모습을 볼 수 있지만, 이 예수를 위해 눈물을 흘리는 여인 무리는 확실히 평범하지 않았다. 또한 계속해서 결백을 주장하고 그저 맡은 일을 하는 사람들에게 욕하는 일을 제외하면, 십자가에 달린 이 패배자들은 대개 말을 많이 하지 않는다. 그들은 확실히 예수가 말한 것과 같은 말을 하지 않는다.

처음에는 이 나사렛 사람이 이렇게 선언하는 것을 들으며 불쌍하기도 하고 조금은 짜증이 났다. 그러나 확실히, 십자가에서 처형을 당하는 사람이 우리를 용서해 달라고 기도하는 말이나 다른 범죄자에게 그가 낙원에 자신과 함께 있으리라고 약속하는 말은 결코 들어 본 적이 없었다. 우리 부대의 다른 이들이 그를 조롱하며 그의 옷으로 도박을 하고, 평소에 그들을 싫어하던 대제사장들의 뒤통수를 치는 동안, 나는 나 자신이 그 경험에서 물러나 있음을 깨달았다. 마치 낯선 땅에 있는 이방인 같았다. 나는 내 일에 맞는 동작을 하고 있었지만, 안토니우스의 이야기가 귓가에 울리면서 나사렛 사람이 방금 한 말도 울려 퍼지고 있었다. "다 이루었다."

그 후에 이상한 일이 벌어졌는데, 하늘이 3시간 동안 어두워졌다. 우리는 계속해서 경계를 늦추지 않았지만, 무슨 일이 일어나는지는 몰랐다. 하지만 어둠은 소동뿐만 아니라 말조차 잠잠하게 하는 것 같았다. 그래서 나는 어둠 속에, (수백 명에게 둘러싸여 있었지만) 사실상 혼자 있음을 깨달았고, 이상한 고요함이 마치 나에게 이런 질문을 하는 것처럼 메아리치고 있었다. "이 사람은 누구인가?" 이 질문이 가져온 혼란을 당신에게 재연할 수 없다. 단지 이와 같은 내용을 증언할 뿐이다. 어둠이 걷히자 땅의 근간 자체를 뒤흔드는 것 같은 지진이 일어났는데, 내게는 이 일이 내 삶에 여명을 밝히고 나의 근간을 뒤흔드는 작은 우주적 파동이었다. 이 순간에, 하나님과 3시간 동안 씨름한 이후에, 나는 마침내 질문에 대한 답을 분명히 말할 수 있었다. "이는 진실로 하나님의 아들이었도다!"

일련의 사건에 대한 이 두 자세한 설명은 복음 자체가 해석인 방식을 보여 줌으로써, 데리다의 주장을—또한 데리다의 주장이 그리스도교 신앙에 반하지 않는 이유를—이해하는 데 도움을 준다. 이 설명들은 1세기 예루살렘에서 일어난 사건에 대한 해석이다. 각 설명은 나사렛 예수에 대한 반응이다. 각 설명은 각 화자 앞에서 일어난 일과 현상에 대한 '읽기'다. 각각은 일어난 일을 텍스트로 묘사한 것이다. 그러나 물론 이런 묘사와 해석은 매우 다르다. 우리가 그리스도인으로서 백부장의 해석에 동의하더라도—또한 그와 함께 이것이 그날 오후에 일어난 일에 대한 참된 설명이라고 고백하더라도―이것이 해석이라는 사실이 완화되지는 않는다. 성경에서 증언된, 이 사건들에 대한 하나님의 특별 계시에 호소하더라도, 백부장의 설명이 여전히 일어난 일에 대한 해석이라는 사실이 바뀌지는 않는다. 사실 계시에 호소하는 일은 백부장의 읽기가 해석이라는 주장을 강화할 뿐이다. 계시가 없으면 우리는 예루살렘의 두 현지인과 같은 상황에 처할 수 있다. 또 하나의 십자가, 또 한 명의 나사렛 사람이 우리가 보는 전부인 것이다.

계시는 우리의 지평을 알려 준다. 하지만 계시 해석을 (객관적으로) 제공한다고 해서 모든 사람이 그 사건을 이런 식으로 읽으리라는 보장은 없다. 이 계시 해석을 (주관적으로) 받아들이려면 신앙이 필요하며, 그러한 신앙을 가지려면 성령의 새롭게 하시는 사역이 필요하다. 다시 말하지만, 오웬이 『성령』(repr., Grand Rapids: Kregel, 1954)에서 펼친 논의를 보라. 그의 말대로, 하나님이 객관적 빛(계시)을 제공하신다고 해서 주관적 어둠이라는 문제가 해결되지는 않는다(p. 148 이하). 다시 말해, 눈먼 상태를 해소하고자 마음과 정신을 새롭게 하지 않으면 성경에서 객관적으로 제공하는 계시는 계시(즉, 소통)로서 효과가 없다.

모든 것이 해석이라는 주장을 겁내는 그리스도인들은 대개 매우 근대적인 지식 개념에 매달린다. 이 개념이 주장하는 바는 어떤 것은 그것이 객관적인 한―모든 사람이 언제 어디서나 보편적으로 알 수 있는 한―참이라는 것이다. 이런 이유로 복음의 진리―하나님이 그리스도 안에서 세상과 화해하신다는 것―는 객관적 참으로 받아들여지고 따라서 합리적으로 입증될 수 있어야 한다. 복음을 해석이라 말한다면, 자명하거나 보편적으로 입증 가능하다는 전통적 혹은 근대적 의미에서는 복음이 객관적 참이 아니다.[12]

이러한 근대적 복음 이해의 문제점은 신약성경의 증언과 일치하지 않는다는 것이다. 예를 들어, 백부장이 본 것을 모든 사람이 보지는 않았다는 점은 복음서 내러티브에서 명백하다. 물론 그들은 같은 물질적 실재―십자가, 몸, 결국 시신까지―를 보고 접했지만, 이 물질적 현상은 해석이 필요한 텍스트다. 따라서 백부장과 대제사장이 같은 현상을 마주하고도 전혀 다른 것을 본다는 사실은 데리다의 논지, 즉 사물에 대한 경험 자체가 해석의 문제라는 점을 입증하는 것 같다. 부활에 대한 물리적이고 역사적인 증거를 맞닥뜨리더라도―우리가 부활을 가장 먼저 목격했더라도―이것이 정확히 무엇을 의미하는지 알려면 해석이 필요하다. 예수님의 부활을 해석해야만 그분이 하나님의 아들임을 확인할 수 있다(롬 1:4). 존 오웬이 말하듯, "예수 그리스도께서 십자가에 못 박히셨다는 것은 자연인[예컨대 중생하지 않은 사람]도 이해하고 동의하며 받아들인다. 모든 복음 교리는 명제와 담론으로 가르칠 수 있으며, 그 뜻과 의미는 자연인도 이해할 수 있다. 하지만 그가 교리 자체를 받아들일 수

---

12 이 점에서 도움이 되는 논의로는 필립 케네슨(Philip Kenneson)의 "There's No Such Thing as Objective Truth, and It's a Good Thing, Too," in Christian Apologetics in a Postmodern World, ed. Timothy R. Phillips and Dennis Okholm (Downers Grove, IL: InterVarsity, 1995), pp. 155–170을 보라.

있다는 점은 인정될 수 없다. 정신이 교리를 개념적으로 받아들이는 것과 교리에서 가르치는 내용을 실제로 받아들이는 것에는 큰 차이가 있기 때문이다."[13]

게다가 서신서에도 같은 주장이, 즉 신자가 보는 것을 모든 사람이 볼 수 있는 것은 아니라는 주장이 나온다. 한편으로 하나님의 보이지 않는 속성은 "분명히 보이지만"(롬 1:20), 바울은 계속해서 "미련한 마음이 어두워져"(롬 1:21) 세계를 하나님의 창조가 아닌 다른 것으로 해석하는 자들에게는 이 하나님의 속성이 보이지 않는다고 강조한다. 세계를 창조로 해석하는 것이 참된 해석이라는 데 동의하지만, 이렇게 다른 것으로 해석하는 것을 해석이 아니라고 할 수도 없다. 세계를 잘 해석하려면 해석의 필요조건, 즉 올바른 기대 지평과 올바른 전제가 있어야 한다. 그러나 바울이 반복해서 강조하듯, 이 조건 자체는 선물이다. 다시 말해, 창조를 제대로 '읽을' 수 있게 하는 것은 구속과 거듭남을 동반하는 은혜의 선물이다(롬 1:18-31; 고전 1:18-2:15; 엡 4:17-18). 이것이 바로 우리가 만나는 모든 사람이 복음의 합리성을 즉시 파악하지 못하더라도 놀라지 말아야 하는 이유다. 실제로, 구속의 은혜가 없다면 창조나 십자가형을 제대로 '볼' 수 없으리라 예상해야 한다. 다른 식으로 말하면, 전제주의 변증론―프란시스 쉐퍼와 더불어 코넬리어스 반틸(Cornelius Van Til)이, 그리고 어느 정도는 헤르만 도이여베르트(Herman Dooyeweerd)가

---

[13]   Owen, *Holy Spirit*, p. 155.

발전시킨 것과 같은 변증론—은 고전적 변증론을 거부한다. 전제주의(presuppositionalism)에서는 모든 것이 해석이라는 데리다의 주장에 담긴 진리를 인식하기 때문이다(물론 내가 그들의 직관을 급진화시켰다는 점은 인정한다).

편재적 해석이라는 이 (창조의!) 현실을 받아들이려면, 그에 상응하는 다원주의(pluralism)라는 현실도 받아들여야 한다. 해석이 있는 곳에서는 어디든 해석의 갈등 혹은 적어도 해석의 차이가 있을 것이다. 하지만 이 해석학적 다원주의의 두 차원 혹은 두 양상을 고려하는 게 중요하다. 한편으로, 일종의 다원주의 및 해석의 차이는 창조된 유한성의 구조 안에 새겨져 있어서, 우리 모두는 같은 것을 보더라도 다른 각도와 다른 위치에서 본다. 우리 모두는 같은 사물을 마주치는데, 다른 사람에게는 포크인 그 사물을 어떤 사람은 딩글호퍼로 본다. 에덴동산과 종말에서도 이 관점의 다양성에 뿌리를 둔 해석의 다원주의를 발견할 수 있다. 우리는 선한 창조의 조건 중 한 요소인 이런 식의 다원주의를 선한 것으로 받아들여야 한다 (창 1:31).[14] 그리고 이런 해석의 다원주의는 교회 내에 여전히 현실로 남아 있다. 다른 한편으로, 일종의 심각한 "방향적"(directional)[15] 다원주의는 우리의 타락 이후(postlapsarian)라는 조건에서 고질적

---

14 *The Fall of Interpretation* 5장에서 이를 더 자세히 설명했다.

15 나는 여기서 Richard Mouw and Sander Griffioen, *Pluralisms and Horizons: An Essay in Christian Public Philosophy* (Grand Rapids: Eerdmans, 1993)에서 제시하는 다원주의 분석에 의지하고 있다. 이들의 분석은 도발적이면서도 과소평가되었다. 『다원주의들과 지평들』(IVP).

이다. 즉, 진정한 인간이 된다는 것의 의미, 우리가 우주에 적응하는 법 등 근본 쟁점과 관련한 해석의 차이라는 차원이 있다. 예를 들어, 이런 측면에서 그리스도교와 불교는 실재의 본질에 대해 서로 매우 다르게 해석한다. 하지만 이를 두고 그리스도교의 설명은 객관적으로 참이라고 섣불리 단정하고 불교의 설명은 단지 해석에 불과하다며 깎아내리기보다는 그리스도교와 불교는 해석에서 심각한 차이가 있다고 보아야 한다. 사실 둘 다 해석이며, 둘 다 **객관적으로** 참인 게 아니다. 따라서 우리는 이 타락 이후의 다원주의 내지 방향적 다원주의도 어느 정도 받아들여야 한다. 우리의 해석을 해석이 아니라 객관적 진리라고 단언하는 일은 종종 다원주의 문화에서 가장 나쁜 종류의 제국주의적·식민주의적 의제로 이어질 수 있다. 복음이 해석이라는 지위에 있음을 인정한다면, 이는 우리의 공공신학에서 겸손으로 이어져야 한다. 하지만 이것이 그리스도교 신앙고백의 진리에 대한 회의주의로 이어져서는 안 된다. 복음이 해석이라는 지위에 있다는 사실이 복음의 진리에 대한 우리의 확신을 흔든다면, 이는 우리가 여전히 객관적 확실성을 추구하는 근대적 욕망에 사로잡혀 있음을 나타낸다. 그러나 우리의 확신은 객관성이 아니라 성령(결코 객관적이지 않다)께서 확신시키시는 능력에 달려 있다. 객관성을 상실한다고 해서 복음의 진리를 선포할 담대함을 상실하지는 않는다.

모든 것이 해석이라는 해체를 인정한다면 의문을 제기할 여지 ─이미 받아들여진 지배적 해석(전혀 해석이 아님을 주장하는 해석)에 의문을 제기할 여지―가 생긴다. 그렇게 해체는 주변부로 밀려나 열외가 된 해석에 관심을 두고 침묵당했던 목소리를 활성화한다. 이것이 데리다의 해체가 지닌 건설적·예언자적 측면, 즉 다르게 보는 사람을 침묵시키는 지배적 해석, 현상 유지적 해석에 우려를 표함으로써 정의에 관심을 두는 것이다. 따라서 해체는 처음부터 근본적으로 윤리적이었다―구약성경이 "과부, 고아, 이방인"으로 묘사하는, 전형적으로 주변화된 인물들에 관심을 두고 있다. 다르게 표현하면, 월가(Wall Street)와 워싱턴은 모두 자기네들이 제시한 세계를 우리가 '있는 그대로의 세계'로 생각하기를 바란다. 해체는 모든 것이 해석이라는 길을 보여 줌으로써, 우리가 호전적인 대통령과 탐욕스런 CEO의 해석에 질문을 제기할 힘을 준다. 어떻게 보면 예언자들이 세계에 대한 지배적 해석에 의문을 제기하는 것과 다르지 않다. 이런 식으로 우리는 세계를 다르게 해석할 자유가 있다. 뒤에서 교회를 위한 해체의 함의를 숙고하면서, 해체가 주장하는 바의 이 예언자적 결론을 더 자세히 검토할 것이다.

공동체 안의 텍스트

텍스트 바깥에는 아무것도 없다는 데리다의 주장은 자주 오해받아 왔다. 비단 그리스도교 신학자만 오해한 게 아니다. 나중에 기회가 주어졌을 때, 데리다는 자신의 주장을 명확히 밝히려 했다. "그 문구는 누군가에게 해체의 표어가 되었다. 심하게 오해된 그 말('텍스트 바깥에는 아무것도 없다')은 단지 이런 뜻일 뿐이다. **콘텍스트 바깥에는 아무것도 없다.**"[16] 어떤 면에서, 데리다는 부동산의 공리를 해석의 중심 조건으로 반복해서 말하고 있다. 바로 입지, 입지, 입지다! 현상(책이든 컵이든 사건이든)과 해석자 모두의 콘텍스트는 사물이 어떻게 보이는지 혹은 이해되는지를 결정하는 조건이나 틀로서 기능한다. 데리다는 텍스트 바깥에는 아무것도 없다고 말한 것처럼 다른 데서는 "오직 콘텍스트만 있다"고 말한다.[17] 그러니까 콘텍스트가 텍스트의 의미나 사물 해석이나 사건 '읽기'를 결정한다. 예를 들어, 백부장의 십자가형 '읽기'를 구성하는 콘텍스트 일부는 이전에 나사렛 출신의 온화한 치유자를 만난 친구의 경험이다. 이는 두 예루살렘 현지인에게는 없었던 콘텍스트다. (나는 또한 은혜가 백부장의 콘텍스트를 어느 정도 형성했다고 주장하고자 한다.)

　데리다가 콘텍스트가 어떻게 '결정되는지' 혹은 '채워지는지' 이야기할 때, 우리는 그의 작업에서 (대체로 무시되지만) 매우 중요한 강조점을 발견한다. 바로 해석에서 공동체가 하는 역할이다. 데리다는 『유한회사』(*Limited Inc*) 후기에서 콘텍스트는 유연하고 역동적이라고 설명한다. 즉, 콘텍스트는 시간과 장소가 바뀜에 따라 다

16　Derrida, afterword to *Limited Inc*, p. 136. 강조는 추가됨. 번역 수정함.

17　Jacques Derrida, "Signature Event Context," in *Margins of Philosophy*, trans. Alan Bass (Chicago: University of Chicago Press, 1982), p. 320. 이 점에 대한 더 자세한 논의는 내가 쓴 "Limited Inc/arnation"을 보라.

양한 의미와 해석을 생산하면서 바뀐다. 데리다는 이를 **재맥락화**(recontextualization)의 가능성이라고 묘사한다. 어떤 콘텍스트에서는 이것을 뜻하는 표현이 다른 콘텍스트에서는 저것을 뜻한다. 마치 금속 물품이 어떤 콘텍스트에서는 포크를 뜻하고 다른 콘텍스트에서는 딩글호퍼를 뜻하는 것과 같다. 콘텍스트가 바뀌면 의미도 바뀌게 된다. 내가 들판에서 사냥하는 동안 "Duck!"(오리다!)이라고 외치면 당신은 위를 보고 목표물을 찾을 것이다. 내가 골프를 치면서 "Duck!"(피해!)이라고 외치면 당신은 태아 자세로 몸을 웅크려 날아오는 공을 피해야 한다. 'duck'이라는 같은 단어가 재맥락화된 것이다. 콘텍스트가 완전히 '채워질' 수 없는 한, 어떤 텍스트나 사물이나 사건도 다르게 이해되고 해석될 수 있다. 데리다가 이 콘텍스트의 놀이(play)와 유연성을 강조했기 때문에, 많은 사람이 우리는 우리가 원하는 방식대로 사물을 해석할 수 있다—텍스트와 사건을 가지고 놀 수 있으며 우리가 원하는 대로 의미를 구성할 수 있다—는 것이 데리다의 생각이라고 결론을 내렸다. 예를 들어 그들은, 성경을 우리가 원하는 대로 말하게 할 수 있다는 게 데리다의 주장이 의미하는 바라고 생각한다.

물론 한편으로 이는 완전히 참이다. 다시 말지하만, 우리의 경험을 보면 데리다가 옳다는 것을 알 수 있다. 사람들과 집단들은 성경을 온갖 방식으로 해석하고, 자신들이 말하고 싶은 대로 성경이 말하게 할 수 있다. 성경을 인용하기만 하면 무엇이든 입증할 수 있다는 뻔한 이치를 우리 모두 안다. 그것이 노예제 정당화든 그리스도인이 주택 담보 대출을 받지 말아야 할 이유든 말이다. 분명 성경은 온갖 방식으로 해석하는 대상이다. 그러나 이 해석의 놀이가 모든 해석이 좋거나 참임을 의미하지는 않는다. 해체는 텍스트에 대해 어떤 말이든 할 수 있다는 결론을 수반하지 않는다. 해체는 순전한 비결정성을 찬양하는 게 아니다. 데리다는 이렇게 항변한다. 그렇다면 "실제로 아무 말이나 할 수 있는데, 나는 그냥 아무 말을 하는 일이나 다른 사람에게 아무 말이나 하라고 권유하는 일을 결코 받아들인 적이 없다."[18] 오히려 데리다는 콘텍스트에 대한 중요한, 정당한 결정이 있음을 강조한다. 특히 텍스트, 사물, 사건을 이해하기 위한 콘텍스트는 무엇이 텍스트, 사물, 사건에 대한 참된 해석을 구성하는지에 대한 합의에 도달한 해석자들의 공동체에 의해 설정된다. 공동체에 목표와 목적이 주어지면, 그 공동체는 좋은 해석을 좌우할 규칙에 관한 일치된 의견을 도출한다. 그래서 인간 공동체 내에서 끝이 뾰족한 금속 물체는 빗이 아니라 포크로 이해되어 식기구로 활용된다. 그 물체를 빗으로 해석하는 것을 허용하지만, 공동체에서는 그러한 이해를 나쁜 해석이라고 규정한다. 공동체에서 세운 규칙이 없다면, 해석을 좌우할 기준이 없을 것이다. 데리다는 규칙 자체를 반대하지는 않는다. 사실 그는 공동체에 일종의 '해석 경찰'이 있어서 공동체의 해석을 좌우하는 것을 긍정적으로 말한다.[19] 따라서 공동체가 콘텍스트를 고정하고, 콘텍스트가 의미를 결정한

---

18   Derrida, afterword to *Limited Inc*, pp. 144-145.

19   같은 책, pp. 131, 146.

다. 성경을 해석하는 일이 무엇을 의미하는지 생각해 보면, 공동체의 이 역할은 중심이 될 것이다.

데리다를 교회로 데려오기

지금까지 꽤 먼 길을 걸어오면서, 데리다에 대한 범퍼 스티커식 오해를 풀고 텍스트 바깥에는 아무것도 없다는 데리다의 주장에 대한 명확한 이해에 이르렀다. 이미 살펴보았듯 데리다의 주장이 의미하는 바를 대략 말하자면, 모든 것이 해석이며, 콘텍스트 및 해석 공동체의 역할이 해석을 좌우한다는 것이다. 이는 객관성이라는 근대적 개념을 버리고, '처음부터 끝까지' 해석이라는 포스트모더니즘의 핵심 주제를 받아들이는 것을 수반한다.

그러나 처음부터 끝까지 해석이라면 복음이 참인지 알 수 없다고 주장하는 세 번째 반대자에게는 아직 충분히 답하지 않았다. 복음은 해석일 수밖에 없는 방식을 보여 줌으로써 그 반대에 답하기 시작한 정도다. 그런데 텍스트 바깥에는 아무것도 없다는 데리다의 주장을 받아들이는 게 무슨 의미가 있는가? 우리가 복음, 성경, 교회를 이해하는 데 어떤 의미가 있는가?

말씀을 통해 세상 보기

데리다는 모든 세계가 텍스트라고 주장했다. 세계는 텍스트로서 해석의 대상이며, 해석에는 우리의 인식 지평과 전제가 작용한다. 이 지평이나 전제는 세계에 대한 우리의 토대 믿음뿐만 아니라 과거 경험 및 세계와의 만남에 영향을 받는다. 해석되지 않는 현실은 없으며, 있는 그대로 순수하게 보일 수 있게끔 수동적으로 저기 앉아 있는 주어진 사실도 없다. 오히려 항상 우리는 궁극적 믿음이 좌우하는 해석 틀이라는 렌즈를 이미 낀 채 세상을 본다. 항상 우리는 이미 우리에게 있는 세계관을 통해 세계를 본다고 말할 수 있다. 그리고 데리다의 주장은, 쉐퍼나 반틸 같은 전제주의 변증론자들의 주장과 마찬가지로, 이것이 모든 사람에게 해당한다는 것이다.[20] 자연주의자든 무신론자든 불교 신자든 그리스도인이든 우리 모두는 해석 틀이라는 기준선을 통해 세상을 보며, 궁극적으로 이 해석 틀은 특정 제도 종교와 관련이 없다 하더라도 실제로는 종교적이다.[21]

　이 통찰은 우리가 두 가지를 인식하는 데 도움을 준다. 첫째, 포스트모더니즘의 주요 통찰 중 하나가 모든 사람은 일군의 궁극적 전제를 가지고 자신의 세계 경험에 다가간다는 것이라면, 그리스

20　이 주장은 토머스 쿤(Thomas Kuhn)의 획기적 저서인 *The Structure of Scientific Revolutions*, 2nd ed. (Chicago: University of Chicago Press, 1970)에서 제시한, 세계에 대한 과학적 관찰을 좌우하는 패러다임을 논하는 그의 패러다임 분석과 비교해 보아야 한다. 『과학혁명의 구조』(까치). 나는 이를 *Fall of Interpretation*, pp. 154-155에서 논했다.

21　이 마지막 요점에 대해서는 Roy A. Clouser, *The Myth of Religious Neutrality: An Essay on the Hidden Role of Religious Belief in Theories*, rev. ed. (Notre Dame: Notre Dame University Press, 2005, 『종교적 중립성의 신화』, 아바서원), 같은 저자가 쓴 *Knowing with the Heart: Religious Experience and Belief in God* (Downers Grove, IL: InterVarsity, 1999)을 보라.

도인은 자신의 특정한 그리스도교적 전제를 상정하는 일과 자신의 설명이 사상의 장에서 시험받는 일을 두려워해서는 안 된다(3장에서 이를 더 다룰 것이다). 어떤 면에서, 데리다는 아브라함 카이퍼, 헤르만 도이여베르트, 코넬리어스 반틸, 프란시스 쉐퍼 같은 그리스도교 사상가들이 오랫동안 말해 온 내용, 즉 우리의 궁극적인 종교적 전제가 우리의 세계 이해를 좌우한다는 사실을 더 넓은 문화에서 이해할 수 있도록 했다. 둘째, 더 건설적으로 말하자면, 이 통찰은 성경 텍스트가 세계를 보는 우리의 시각을 진정으로 좌우하는지 우리가 스스로 묻도록 한다. 모든 세상이 해석해야 할 텍스트라면, 교회의 관점에서 볼 때 성경 내러티브는 우리의 세계 인식 자체를 지배해야 한다. 우리는 말씀을 통해 세계를 보아야 한다. 이런 의미에서 데리다의 주장은 종교개혁자들이 주장한 '오직 성경', 즉 우리가 세계를 이해하고 세계를 헤쳐 나가는 데서 하나님의 특별 계시가 우선함을 강조하는 주장과 상통한다. 우리는 성경 텍스트 바깥에는 아무것도 없다고 말할 수 있다. 그리고 성경 텍스트 바깥에는 아무것도 없다는 말은 성경에 나타난 하나님의 계시에 지배받지 않는 우리의 세계 경험은 1평방인치도 없음을 강조하는 말이다. 성경 텍스트 바깥에는 아무것도 없다는 말은 하나님의 계시가 말을 건네지 않는 창조의 측면은 없다는 말이다. 하지만 우리는 정말로 성경 텍스트가 세상을 바라보는 우리의 시각을 지배하게 하는가? 우리는 소비주의 문화라는 이야기와 텍스트에 더 사로잡혀 있지는 않은가? 우리의 세계관은 하나님이 그분의 백성과 맺는 언약 관계라는 이야기보다 힙합 문화의 내러티브에 의해 더 형성되고 있지는 않은가? 그리스도교 제자도가 주는 도전 중 하나는 성경의 텍스트를 성경 텍스트 바깥에는 아무것도 없는 그런 텍스트로 삼는 것이다. U2의 노래 "When You Look at the World"(당신이 세상을 볼 때)에서 알 수 있듯, 이것이 늘 쉽지는 않다. 때때로 나는 "세상을 볼 때, 당신이 보는 것을 볼 수 없다." 하지만 성령께서 행하시는 성화는 우리가 이 렌즈를 통해 세계를 볼 수 있게 하는 것을 목표로 한다.

사도 신경을 믿는 것처럼 해석하기

여러 면에서 근대성의 특징은, 우리를 작은 자아나 사적 영역에 가두어 서로를 고립시키는 심각한 개인주의다. 데카르트의 『성찰』(*Meditations*)—여러 면에서 근대성의 선언문이다—이 데카르트가 홀로 방에 며칠 동안 틀어박혀 사색한 결과물이라는 점은 중요하지 않다. 인간 자아에 대한 이 근대적인 고립주의적 이해는 교회에 슬며시 들어왔고, 교회는 (성경의 명료성이라는 종교개혁의 원리에 잘못 호소함으로써) 사적 해석이라는 관념에 너무 자주 가치를 두었다. 성경의 의미가—우리가 취할 수 있도록—단순하게, 객관적으로 거기에 있다고 내비치면서 말이다.

하지만 그런 개인주의적 관념은 고대 교회는커녕 종교개혁자들과도 아무 상관이 없다. 사도 신경에서 고백하듯, 우리는 "거룩한 공교회"와 "성도의 교통"을 믿는다. 그리고 데리다의 공동체 강조와 마찬가지로 그의 근대성 비판은, 성경 해석에서뿐만 아니라 우리가 세상을 살아가는 방법을 가르치는 데서 공동체가 수행하는 중심 역할을 되찾는 데 탈근대성이 영향을 주고 있음을 우리가 이해하도록 돕는다. 영화 〈메멘토〉에서 레너드에게 부족한 것 중 하나는 신뢰할 만한 친구였다. (사실, 그가 따르는 규칙 중 하나—몸에 문신으로 새긴 규칙—는 '아무도 신뢰하지 말라'였다.) 그러나 데리다가 보여 준 것처럼, 해석 공동체의 관습과 규칙 없이는 텍스트, 사물, 사건을 해석할 수 없다. 정말로 언어 자체가 본유적으로 집단의 것이며 상호 주관적이다. (결국 레너드도 나탈리의 필체로 쓰인 메모를 신뢰하는 것처럼 누군가를 신뢰해야 한다.) 예를 들어, 성경을 해석하려면, 성경을 **잘** 해석하려면, 나 자신을 교회라는 공동체와 단절시킬 수 없다. 오히려 지리적인 면(전 지구적 교회)과 시간적인 면(교회 증언의 역사) 모두에서 이 공동체의 폭을 따라 형성되고 영향받아야 한다. 교회는 성경의 지배를 받지만, 성경은 믿는 공동체 안에서만 제대로 펼쳐지고 활성화된다. 텍스트 바깥에는 아무것도 없다는 말은, 성령님이 다스리는 교회 공동체를 떠나서는 성경 텍스트—따라서 세계—에 대한 제대로 된 이해가 없음을 함의한다. 동일한 성령님이 텍스트의 저자이자 읽는 공동체에 빛을 비추어 주는 분이시다.

해체적 교회

만일 데리다가 내가 주장한 것처럼 현대 교회에 대해 말했다면, 해체적 교회는 어떤 모습일까? 여기서는 데리다와 관련한 교회를 둘러보고 그 교회가 실제로 어떤 모습일는지 살펴보겠다.

첫째, 누군가는 성경 텍스트 바깥에 아무것도 없음을 긍정하는 해체적 교회와 다른 사람들이 개략적으로 제시한 포스트모던 교회가 다르다는 데 충격을 받을 것이다. 해체적 교회의 예배에 참여할 때, 우리는 우리의 세계 이해를 형성하는 데 성경 텍스트가 중심임을 알게 된다. 텍스트의 전체성을 진지하게 받아들이기 위해, 해체적 교회에서는 목사가 개인적 기준이나 애착하는 텍스트를 전하는 것이 아니라, 성경 텍스트의 내러티브 전체를 통해 우리를 안내하는 전례독서(lectionary)라는 공인된 전통을 몇 년에 걸쳐 활용한다. 이러한 전례독서 사용은 해체적 교회에서 전통을 중시한다는 일반적인 인상 가운데 일부다. 우리는 에큐메니컬적이고 역사적인 신경들을 암송하는데, 이 신경들이 우리 공동체의 과거에 대한 증언, 즉 오늘날 우리 안에 거하셔서 빛을 비추시는 그 동일한 성령님이 내주하셨던 고대 공동체의 해석을 우리가 들을 수 있는 방법이기 때문이다. 목사의 설교는 초기 교부들과 종교개혁자들이 공동 해석자로서 진지하게 관여했음을 나타낸다. 이 모든 것을 통해 우리는 교회가 수천 년을 지속해 온 '거룩한 공교회'임을 이해한다.

하지만 이 공동체의 목소리는 고대적일 뿐만 아니라 전 지구적이기도 하다. 이 노래와 기도는 프랑스 남부와 한국, 스코틀랜드와 짐바브웨의 그리스도교 공동체에서 가져온 것이다. 이 다른 목소리들—서구 교회에서 너무 자주 주변화되곤 하는—은 전 지구에 있는 형제자매 속에서 역사하시는 성령의 목소리로 받아들여지며, 성령께서는 그들에게 빛을 비추심으로써 우리에게 빛을 비추신다. 따라서 해체적 교회는 전통적이라는 느낌을 주지만, 그럼에도 현상 유지를 방해하는 다양성과 전 지구적 관심이 그 특징이다. 해체적 교회는 전통을 받아들이지만 현상 유지라는 의미의 전통**주의**는 받아들이지 않는다. 해체적 교회는 주변화된 읽기를 중요시하는 해석 공동체다. 대체로 복음의 '어리석음' 자체가 세속적 근대성이 외면하는 인간의 조건에 대한 해석이기 때문이다. 사실 복음을 선포한다는 것이 이미 주변부에서 말한다는 것이기도 하다.

마지막으로 주목할 점은, 이 교회가 복음이 세계와 인간의 조건에 대한 해석임을 인정하면서도—아마도 이것이 해석임을 인정하기 **때문에**—계시의 선포와 증언에 집중한다는 것이다. 이 교회는 입증을 위한 변증론이나 '문화 전쟁' 의제—논리를 무기로 사용하는 이런 시도에서는 모든 미국인이 그리스도교가 참이라고 보아야 한다고 생각하는 것 같다—에 중점을 두지 않는다. 이러한 것들은 논리를 무기로 삼아 모든 미국인이 그리스도교가 참됨을 보아야 한다고 생각하는 것 같다. 사실 우리는 이런 문화에 대해 해체적 교회가 취하는 예언자적 입장을 인상 깊게 볼 수밖에 없다. 예배 경험—말씀, 성례, 기도, 찬송을 포함한다—의 주된 목표 중 하나는 성도들이 자본주의, 소비주의, 쾌락주의라는 문화적 힘이 제공하는 세계 해석과 인간 전망을 꿰뚫어 보도록 준비시키고 힘을 불어넣는 것이다. 다시 말해, 해체적 교회에서 드리는 예배는 월가의 행복 이해가 하나의 해석임을 인식할 수 있을 뿐만 아니라 인간 번영에 대한 복음의 대항문화적 해석을 분명히 표현할 수 있는 신자를 형성하는 것을 목표로 한다. 다시 말해, 해체적 교회는 아주 예언자적인─데리다보다는 아모스의 목소리를 반영하는─성격을 띤다.

3

메타내러티브는 모두 사라졌는가?

: 리오타르, 포스트모더니즘, 그리스도교 이야기

포스트모더니즘은 "메타내러티브를 불신하는 것"이라는 장-
프랑수아 리오타르의 주장만큼 그리스도교 신앙에 반하는 탈
근대성 정의도 없을 것이다. 성경은 그야말로 완전히 메타내
러티브 아닌가? 포스트모던적이려면 성경을 거부해야 하지
않을까? 이 질문이 이번 장에서 중점적으로 살펴볼 내용이다.

커튼 걷기: 〈오! 형제여 어디에 있는가?〉

우리는 이야기, 특히 모험과 역경을 다루는 대서사시 이야기에 질
리지 않는다. 코엔 형제의 영화 〈오! 형제여 어디에 있는가?〉[1]는
대공황 시대 미시시피라는 맥락에서 어떤 서사시 ─호메로스의

---

[1]   조엘 코엔과 에단 코엔(Joel and Ethan Coen)이 감독한 〈오! 형제여 어디에 있는
가?〉(*O Brother, Where Art Thou?*), DVD, (Burbank, CA: Touchstone Home Video,
2001).

『오뒷세이아』─를 재연하여 장대한 이야기를 들려준다. 호메로스의 내러티브처럼, 이 이야기의 주인공도 율리시즈다. 교활하고 말 많은 율리시즈 에버렛 맥길. 그는 더 겸손한 이름인 에버렛으로 불린다. 에버렛의 긴 여정(odyssey)은 교화 농장에서 시작한다(그는 무자격 변호 업무를 보다가 이곳에 오게 되었다). 여기서 그는 피트와 델마라는 두 동료 죄수와 사슬로 묶여 있다. 아내가 다른 사람과 결혼하지 못하게 하고자 집으로 돌아가야 하는 에버렛은 피트와 델마를 설득해 자신과 함께 도주하자고 한다. 이를 위해 에버렛은 두 사람에게 자신이 장갑화된 수송 트럭을 '부수고' 백만 달러어치 보물을 묻어 두었다고 말한다. 문제는 보물이 묻힌 장소가 곧 호수 바닥이 될 예정이라는 것. 강을 댐으로 막아 계곡이 물에 잠기게 될 상황이다. 그래서 그들의 모험은 좀 긴박하게 진행되어야 한다.

호메로스의 율리시즈처럼, 에버렛과 동료들은 다양한 예언자, 세이렌, 퀴클롭스 등 여행에서 흔히 만나는 인물들을 마주친다. 그러나 내가 이 영화에서 가장 흥미롭다고 생각한 것은─감히 말해 보자면─율리시즈 에버렛 맥길이 경험한 포스트모던적 긴장이다. 에버렛은 여러 면에서 과학적 세계관에 전념하는 근대성 신봉자다. 그는 이성을 신뢰하며, 그의 계몽주의 선조들처럼 종교라는 전통과 '미신'을 참된 지식을 가로막는 장애물로 여긴다. 피트와 델마가 입수하여 세례를 받고 '구원받았을' 때, 에버렛은 믿을 수 없다는 듯 조롱하며 이 모든 일에 대한 유사-마르크스주의적 설명을 늘어놓는다. "글쎄, 어려운 시기에는 바보들을 물에 담가야겠지! 모두가 답을 찾고 있으니."² 델마는 '구원받은' 후에 에버렛에게 권고한다. "우리와 함께했어야 했는데, 에버렛. 아무에게도 해가 되지 않는다고." 그러나 에버렛은 그럴 생각이 없다. "너희 두 바보와 함께 말도 안 되는 미신에 동참하라고?! [조롱하고 우쭐대면서] 세례라니! 너희 둘은 망치보다도 멍청해."

에버렛은 "모두가 답을 찾고 있다"는 것을 늘 인정하지만, 그 답은 예언³이 아니라 이성과 '이론적 사고'에서 찾을 수 있다고 확신한다. 종교에서 제시하는 이야기와 우화는 과학에서 제시하는 사실과 명제로 극복해야 한다. 하지만 에버렛의 모더니즘적 합리주의는 시종일관 끈질긴 종교적·예언자적 목소리의 도전을 받는다. 모두가 찾고 있는 답의 원천으로서 이성과 과학에 몰두하는 에버렛의 집념은 신적 방해로 인해, 특히 눈먼 예언자의 이야기와 선포로 인해 의문에 붙여진다. 여행을 시작할 때 그들은 처음에 눈먼 예언자와 만나는데, 그는 이런 계시를 내뱉는다.

나는 인간을 위해 예언하지 않는다. 나는 이름도 없다. 너희들은 굉장한 행운을 찾고 있다. 너희들이 찾는 행운은 아니겠지만 찾게 될 것이다. 그러나 먼저 길고 험난한 길, 위험이 가득한 길을 다녀

---

2   애꾸눈의 성경 판매인 빅 댄도 이런 생각을 갖고 있다. 그는 대공황을 이용해 성경을 가난한 대중에게 아편처럼 판매한다. 그의 말처럼, "이 비통하고 빈곤한 시대에는" 성경을 팔 큰 시장이 있다. "사람들은 답을 찾고 있다."

3   혹은 여자! 에버렛이 델마에게 지시한 것처럼 말이다. "여자를 절대 믿지 마. … 여자에게 진실은 없어, 델마. 주관적인 걸로 제압당한다니까!"

야 한다. 너희들은 놀라운 것들을 **볼** 것이다. 목화집 지붕에 암소가 올라가 있는 것을 볼 것이다. 이 길이 얼마나 길지 너희들에게 말할 수 없다. … 길이 구불구불하더라도, 너희들의 마음이 점점 지치더라도, 계속해서 그 길을 따라가야 한다. 구원을 얻을 때까지.

예상대로 에버렛은 회의적인 반응을 보인다. "그가 대체 뭘 안다는 거야? 무식한 늙은이일 뿐이라고." 이야기 내내 에버렛은 신적인 것의 개입에 계속 저항하면서, 그런 개입을 과학과 합리성으로 말미암은 사실 및 발견과 대조되는 미신 및 멍청한 이야기로 간주한다. 그러나 이 내러티브의 마지막 장에서 에버렛의 합리주의는 진정한 적수를 만나는 것 같다.

　에버렛은 미시시피 주지사에게 사면을 받고 사랑하는 아내 페넬로페의 사랑을 되찾지만, 그에게는 과제가 하나 남아 있다. 오두막에서 결혼 반지를 되찾아 오는 것이다. 그러나 에버렛이 오두막에 도착했을 때 그와 동료들을 기다리는 것은 그들이 도주할 때부터 그들을 쫓아온 악마 같은 교도관이었다. 영화에서 이 '악마'는 사면이 선언되었다는 사실보다 오히려 자신의 일인 에버렛, 델마, 피트를 처형하는 일을 마무리하는 데 관심을 둔다. "여행은 끝났다, 이 자식들아." 그는 야유한다. "우여곡절이 많았지. … 너희들은 사탄을 피해 왔고, 마지막에는 나까지 피해 갔지. … 이제 기도를 시작해야 할 거야." 그는 조롱하며 나뭇가지에 3개의 올가미를 던진다.

　피트는 하나님의 자비와 용서를 구하며 간절하게 기도하기 시작한다. 그리고 그때 에버렛도 천천히 무릎을 꿇고 기도하기 시작한다. 근대성의 신봉자이자 의심의 대가인 에버렛이 기도를 한다. "저희 불쌍한 죄인들을 굽어살펴 주소서. 저는 그저 딸들을 다시 보고 싶을 뿐입니다, 주님. 제가 잘못했습니다. … 저희를 도우소서, 주님. 제 딸들을 다시 보게 해 주소서, 주님." 기도가 끝나자 발을 둘러싸고 있던 먼지에서 물이 새어 나오기 시작하고, 멀리서부터 우르릉거리는 소리가 점점 크게 들려온다. 갑자기 출애굽기처럼 물의 벽이 무너져 내리며 오두막집을 전복시키면서, 먼저 악마/교도관을 휩쓸어 버리고 나서 에버렛, 델마, 피트를 데려간다. 그들이 수면 위로 떠오르자, 델마가 외친다. "기적이라니! 이건 기적이야!"

"델마, 무식하게 굴지 마." 에버렛이 대꾸한다. "이 계곡에서 홍수가 일어날 거라고 했잖아."

"아니. 이건 그런 게 아냐." 델마가 응수한다.

"우리가 신께 기도했고, 신이 우리를 불쌍히 여기신 거지." 피트가 거든다.

"글쎄, 어김없이…" 에버렛이 자기 생각을 말한다. "다시 한번 너희 촌놈들은 너희에게 얼마나 지성이 필요한지 보여 주는구나. 방금 일어난 일을 완벽하게 과학적으로 설명할 수 있다고."

"그건 네가 방금 교수대에서 외치던 기도와 다르잖아!" 피트가 에버렛에게 상기시키자, 에버렛은 모더니스트의 독백으로 응수한다. "글쎄, 인간은 누구나 곤경에 빠지면 뭔가를 찾아다닐 테니까. 아니, 사실은 인간이 이 계곡에 물을 가득 채워 이 망할 주 전체가 수력 발전을 할 수 있도록 만드는 거지. 정말로 남부는 변할 거야. 모든 것이 전기로 연결되고 요금을 지불하겠지. 영적 허튼소리, 미신, 낙후된 것들은 사라지지. 우리는 멋진 신세계를 보게 될 거야. 사람들이 선으로 이어져 송전망에 연결되어 있는 세계. 정말이지, 진정한 이성의 시대야. 프랑스에서 그랬던 것과 같지. 머지않아서."

바로 그때 에버렛의 눈에 황당한 장면이 들어온다. 목화집 지붕에 암소가 올라가 있는 것이다.

에버렛 율리시즈 맥길은 근대성에 대한 (종교적) 신봉을 결코 포기하지 않았다. 그가 가진 과학만능주의적 신앙에 끊임없이 도전이 제기되고 있음에도 그는 계몽이라는 종교에 집착한다. 영화는 판단의 부담을 관객에게 맡긴 채, 눈먼 예언자가 길을 가는 장면으로 끝난다.

리오타르의 주장: 포스트모더니즘은 메타내러티브를 불신하는 것이다

포스트모더니즘은 진리의 유일한 보증자이자 전달자인 이성에 대한 신뢰가 약화된 것으로 이해할 수 있으며, 이는 과학—특히 모든 것에 관한 궁극적 이론이라고 우쭐대는 근대 과학의 주장—에 대한 깊은 의심과 결부되어 있다. 이처럼, 율리시즈 에버렛 맥길은 근대성을 구현하지만, 여기서 근대성은 시종일관 이성적인 것과는 다른 어떤 것—철길로 다니는 눈먼 예언자—에 시달리고 있다. 그러므로 어떤 면에서 우리는 한편에 있는 근대적·과학적 세계관과 다른 편에 있는 고대-포스트모던적·신화적 세계관 사이에 흐르는 긴장을 본다. 우리의 경험상 그렇다. 우리는 철저히 새로운 포스트모던 세계에 들어온 게 아니다. 오히려 우리의 근대 세계가 포스트모던적 의심과 비판으로 인해 혼란스럽고 괴로운 것이다. 우리 시대는 두 시대를 모두 반영하는 건축물이 들어서 있는 로스앤젤레스 시내와 비슷하다. 포스트모던이 들어와서 근대적인 것이 깨진 게 아니다. 오히려 프랭크 게리(Frank Gehry)가 디자인한 포스트모던 건축물의 곡선미 및 절충적 앙상블이 르 코르뷔지에(Le Corbusier)에게서 영감을 받은 모더니스트의 유리 상자 및 붕괴하는 '프로젝트'와 함께 존재감을 드러내는 것이다.

장-프랑수아 리오타르가 설명하는 포스트모더니즘은 바로 과학과 내러티브의 긴장과 충돌이라는 상황에 놓여 있다. 리오타르는 포스트모더니즘이라는 이 새로운 현상을 대담하게 정의하려 한 최초의 인물 중 하나다. 리오타르는 퀘벡주 정부의 지원을 받아 "지식에 관한 보고서"를 작성하면서, 이런 주장으로 자신의 분석을 시작한다. "극단적으로 단순화하자면, 나는 포스트모더니즘을 메타내러티브를 불신하는 것이라고 정의한다."[4] '메타내러티

---

4   Jean-François Lyotard, *The Postmodern Condition: A Report on Knowledge*, trans. G. Bennington and B. Massumi (French original, 1979; Minneapolis: University of Minnesota Press, 1984), p. xxiv. 『포스트모던의 조건』(민음사). 이후에 본문에서는 *PC* 라고 줄여 표기한다. 리오타르의 논의를 더 자세하고 학문적으로 보려면 내가 쓴 "Little Story about Metanarratives: Lyotard, Religion, and Postmodernism Revisited," *Faith and Philosophy* 18 (2001): pp. 353–368를 보라.

브'(metanarratives)라고 (별나게) 번역된 이 프랑스어 용어는 '그랑 레시'(grand récit), 즉 큰 이야기(big stories)다. 그러므로 포스트모더니즘은 '큰 이야기'를 의심하고 불신하는 것이다. 지금 큰 이야기가 있다면 그것은 성경에서 제시하는, 창조 이전부터 시간의 정점(그리고 그 너머)까지 늘어놓는 거대 내러티브일 것이다. 따라서 포스트모더니즘이 메타내러티브를 불신하는 것이고 그리스도교 신앙이 성경에서 알려 주는 바로 그 메타내러티브라면 포스트모더니즘과 그리스도교 신앙은 상반될 수밖에 없다. 즉, 포스트모더니스트는 그리스도교의 메타내러티브를 결코 믿을 수 없고 그리스도인은 포스트모더니즘의 불신에 참여해서는 안 된다. 데리다의 경우처럼, 리오타르의 주장과 정통 그리스도교 신앙은 상호 배타적인 것으로 이해되곤 한다. 탈근대성을 매우 섬세하게 다루는 그리스도인 논평자들조차 그러한 읽기를 제안하는 모습이 보인다.[5]

하지만 이 판단은 다소 성급하며, 이 또 다른 신화를 탈신화화할 필요가 있다. 이런 판단은 리오타르가 메타내러티브를 어떤 의미로 사용하는지 신중하게 이해하지 않고서 말하는 범퍼 스티커식 리오타르 읽기에 불과하다. 그러니 메타내러티브를 더 이상 믿지 않는

---

5 나는 다른 문제에서는 탁월한 책인 리처드 미들턴(Richard Middleton)과 브라이언 왈쉬(Brian Walsh)의 *Truth Is Stranger Than It Used to Be* (Downers Grove, IL: InterVarsity, 1995)를 염두에 두고 있다. 『여전히 우리는 진리를 말할 수 있는가』(IVP). 이와 비슷하게 포스트모더니즘과 그리스도교를 대립시키는 이해가 스탠리 그렌츠, 헨리 나이트 3세(Henry H. Knight III), 브라이언 잉그라피아(Brian Ingraffia)에게서도 제시된다.

다는 것—메타내러티브에 대한 불신—이 무엇을 의미하는지에 대해서도 오해하는 것이다. 이번 장에서는 리오타르의 비판에 보다 신중하게 살펴보고, 그리스도인이 리오타르에게서 적이 아니라 동맹을 발견할 수 있다는 점을 보여 줄 것이다. 정통 그리스도교 신앙에서는 실제로 우리 역시 메타내러티브를 믿지 말기를 요구한다.

그렇다면 가장 먼저 할 일은 '메타내러티브'를 정의하는 것, 더 구체적으로는 이 용어에 대한 리오타르의 정의를 명확하게 파악하는 것이다. 그래야만 포스트모더니즘은 메타내러티브를 불신하는 것이라는 리오타르의 주장을 이해할 수 있다. 일반적으로 메타내러티브라는 용어는 큰 이야기(big stories)—세계에 대한 매우 중요한 이야기(tale)를 들려주는 거대한 서사시 내러티브(grand récit)—를 가리킨다고 여겨진다. 다시 말해, 많은 사람은 메타내러티브가 그 범위 때문에, 현실에 대한 거대하고 전체적인 주장을 하면서 보편적 주장임을 자처하기 때문에 포스트모던적 불신의 표적이 된다고 생각한다.[6] 달리 말하면, 메롤드 웨스트폴(Merold Westphal)의 말처럼 메타내러티브가 메가내러티브(meganarrative)가 되어 버린 것이다.[7] 만약 그렇다면—전 지구적 범위를 다루는 거대한 이야기가 모두 메타내러티브라면—정말로 성경의 창조, 타락, 구속, 종말론적 완성이라는 내러티브는 정당하게 포스트모던적 의심과 불신의 대

---

6   예를 들어, Middleton and Walsh, *Truth Is Stranger*, pp. 70-71을 보라.

7   Merold Westphal, *Overcoming Onto-Theology: Toward a Postmodern Christian Faith* (Bronx, NY: Fordham University Press, 2001), p. xiii.

상이 될 것이다.

그러나 리오타르가 말하는 메타내러티브는 이런 의미가 아니다. 리오타르에게 중요한 것은 내러티브의 범위가 아니라 내러티브가 주장하는 바의 본질이다. 다른 식으로 말하면, 문제는 내러티브가 들려주는 이야기가 아니라 내러티브가 이야기를 들려주는 방식(그리고 어느 정도는, 이야기를 들려주는 이유)이다. 리오타르가 보기에 메타내러티브는 분명 근대적 현상이다. 메타내러티브는 거대한 이야기를 들려줄 뿐만 아니라(근대 이전의 부족 이야기도 이런 걸 들려주기 때문이다) 보편적 이성에 호소함으로써 그 이야기를 정당화하거나 증명할 수 있다고 주장하는 이야기다. 따라서 리오타르가 보기에 〈오! 형제여 어디에 있는가?〉에서 메타내러티브를 전달하는 사람은 종교를 믿는 신자나 예언자가 아니라 과학으로 계몽된 인물인 율리시즈 에버렛 맥길일 것이다. 이른바 세계에 대한 근대 과학적 이야기의 합리성이라는 것이 메타내러티브가 될 수 있다. 리오타르의 설명을 보면, 호메로스의 『오뒷세이아』는 거대한 이야기를 들려주고 인간 본성에 대한 보편적 주장을 하고는 있지만 메타내러티브가 아니다. 이른바 보편적·과학적 이성에 호소하여 이야기의 정당성을 주장하지 않기 때문이다. 오히려 『오뒷세이아』는 신앙의 응답을 요구하는 선포, 즉 케리그마에 관한 문제다. 반면 근대의 합리론(칸트)이나 과학적 자연주의나 사회생물학에서 들려주는 과학적 이야기는 이성만으로 그 주장을 입증할 수 있다고 주장하는 한, 메타내러티브다.

리오타르에게 주된 긴장 지점은 큰 이야기와 작은 이야기의 갈

등이라거나 전 지구적 내러티브와 지역 내러티브의 대결이 아니다. 오히려 그는 이 긴장을 과학과 내러티브의 갈등으로 표현한다. 근대 과학의 기준으로 판단해 본다면, 이야기와 내러티브는 우화에 지나지 않는다. 하지만 그 기준을 더 밀어붙여 보면, 과학도 스스로를 정당화해야 한다. 정당화 담론을 생산해야 하며, 리오타르는 이를 철학이라 부른다. 따라서 '포스트모던'의 의미를 밝히기 전에, 그는 먼저 '근대적'의 의미를 정의한다. "나는 근대적이라는 용어를, 정신의 변증법[헤겔], 의미의 해석학[슐라이어마허?], 합리성의 해방[칸트] 혹은 노동 주체의 해방[마르크스], 혹은 부의 창조[애덤 스미스] 같은 거대 내러티브에 노골적으로 호소하는 이런 종류의 메타담론과 관련하여 스스로를 정당화하는 모든 과학을 지칭하는 데 사용할 것이다"(*PC*, p. xxiii). 근대성과 탈근대성의 관계를 묻는 질문은 이 '정당화'라는 쟁점을 중심으로 전개된다. 근대성은 과학—여기서 '과학'은 보편적·자율적 이성 개념을 뜻한다—에 호소하여 근대성의 주장을 정당화한다. 그래서 과학은 내러티브와 반대되는데, 내러티브는 주장을 입증하려 하기보다 이야기 안에서 주장을 보여주기 때문이다.

진리의 신화와 신화의 진리

그러나 리오타르에 따르면, 포스트모더니즘은 근대성이라는 임금님이 벌거벗겨졌음을 암시한다! 근대성에 대한 포스트모던적 비판의 핵심은 과학—내러티브의 '우화'에 그토록 비판적인 과학—자체가 내러티브에 근거해 있는 방식을 드러내는 것이다. 내러티브가 과학에 침투한 방식을 근대성은 스스로 인식하지 못했다. 리오타르는 '내러티브 지식'과 '과학적 지식'을 구분하는데, 과학적 지식은 확실히 근대적이고 내러티브 지식은 전근대적이면서 포스트모던적이다. 그는 과학과 신화(혹은 '전통적 지식')의 차이에 대해 말할 때에도 동일하게 구분한다. 내러티브 지식은 한 문화의 관습에 근거를 두며, 그렇기에 정당화를 필요로 하지 않는다. 리오타르는 이를, 화자의 권위와 결부된 사람들(민족[Volk])의 동질성이 일종의 즉각적 자동 정당화를 낳는 부족 패러다임과 연결 짓는다.[8] 그는 "내러티브 자체에 이런 권위가 있다"고 지적한다. 어떤 의미에서, "사람들은 내러티브를 실현하는 존재일 뿐이다"(PC, p. 23). 입증이라는 면에서 정당화가 필요하지는 않으며, 오히려 정당화는 사람들의 이야기로 내러티브 자체에 내포되어 있다.

이런 자동 정당화와 달리, 근대의 과학 문화는 정당화 문제를 외

---

8 이를 성경의 자증성(autopistie) 혹은 자기증명(self-authentication)에 대한 장 칼뱅의 설명과 비교하고 싶은 마음을 억누르기 어렵다(*Institutes*, I.vii.5를 보라, 『기독교강요』). 이것이 마이클 호튼(Michael S. Horton)이 *Covenant and Eschatology: The Divine Drama* (Louisville: Westminster John Knox, 2002)에서 칼뱅과 종교개혁 이후 학자들이 어떤 면에서는 "후기토대주의적" 신학자였다고 주장한 이유다. 『언약과 종말론』(크리스찬출판사). 역사적 설명을 보려면 Richard A. Muller, "Sources of Reformed Orthodoxy: The Symmetrical Unity of Exegesis and Synthesis," in *A Confessing Theology for Postmodern Times*, ed. Michael Horton (Wheaton: Crossway, 2000), pp. 43-62를 보라.

재화한다. 리오타르는 이를 소통의 화용론이라는 측면에서 설명하는데, 여기서 진리 주장을 하는 화자는 '발신자', 이 주장을 받거나 듣는 사람은 '수신자'다. 발신자와 수신자라는 화용론의 두 극이 구별되고, 수신자는 발신자에게 메시지를 정당화하라고 요구한다. 나는 발신자로서 이제 '증거'를 대야 한다(*PC*, pp. 23-34). 하지만 전근대적 민족의 동질성이 해체되었기 때문에 우리는 즉각적인 혹은 사전에 동의한 일치된 의견에 이를 수 없다. 리오타르의 식으로 말하면, 우리 모두는 동일한 언어 게임(language game)을 공유하지 않는다. 그렇게 근대적 정당화는 보편적 기준, 즉 이성─정당화의 보편적 검인(stamp)─에 의지한다. 이런 움직임으로 인해 리오타르가 메타내러티브라는 유명한 표현으로 묘사한 현상이 생겨나는데, 이는 특정한 언어 게임 바깥에 있기에 보편적 진리를 보증한다고 여겨지는 정당성 기준에 호소하는 것이다. 바로 여기가 탈근대성이 메타내러티브를 불신하는 지점이다. 메타내러티브는 다른 언어 게임 위에 있는 놀이로 가장하지만 실은 그저 하나의 언어 게임에 불과하다. 리오타르의 표현대로, 스스로 내러티브 지식에게 승리했다고 여기는 과학적 지식은 은밀하게 어떤 내러티브(즉, 기원 신화)에 근거를 두고 있다.

특히 리오타르는 정당화에 대한 두 가지 근대적 내러티브를 분석한다. 첫째는 (칸트와 마르크스에게서 발견되는) 해방이라는 인문주의적 메타내러티브, 둘째는 독일 관념론에서 나타나는 정신의 삶에 관한 메타내러티브다. 합리주의적 시장 경제학에 대해서, 혹은 다윈 이후 사회생물학이 꾸준하게 부상한 것에 대해서도 비슷하게 분석할 수 있다. 그러나 우리는 이렇게 지식에 신화[9]를 주입하는 것을, "과학이라는 새로운 언어 게임은 처음부터 그 자체의 정당화라는 문제를 제기한다"는 것을 이미 플라톤까지 거슬러 올라가서 볼 수 있다(PC, pp. 28-29). 예를 들어, 『국가』6, 7권에서 (인식론적이면서 사회정치적인) 정당화 문제에 대한 대답이 "동굴의 비유에서 내러티브 형태로 나온다. 이 비유에서는 인간이 내러티브를 갈망하고 지식을 얻지 못하는 방식과 이유를 설명한다. 이와 같이 지식은 지식의 순교라는 내러티브에 기초한다"(PC, pp. 28-29). 리오타르도 이와 비슷한 방식으로 주장하기를, 근대의 과학적 지식은 (과학의 정당화 요구에 따라) 스스로를 정당화하라는 요구를 받을 때 내러티브에 호소할 수밖에 없다. 이렇게 "내러티브가 비내러티브 안으로 돌아오는 일"은 "불가피"하다(PC, pp. 27-28). 말 많은 율리시즈 에버렛 맥길처럼, 근대성과 근대성의 과학은 이야기 들려주기를 멈출 수 없다(『종의 기원』보다 더 큰 이야기가 있는가?). 그러면서도 과학이 들려주는 이야기는 '우화'에 반대된다고 주장한다. 과학자들과

9 여기서 '신화'를 근대적·과학적 의미에서 진리에 반하는 '우화'로 이해해서는 안 된다. 오히려 신화는 진리의 종교적·고백적 지위를 가리킨다. 여기서 신화는 C. S. 루이스가 제안한 의미로 이해해야 한다. 루이스에 따르면, 상상력은 진리를 담는 능력으로, 명제가 아니라 신화를 통해 소통한다. 신화를 통해 우리는 "추상적으로만 이해될 수 있는 것을 구체적으로" 경험한다. C. S. Lewis, "Myth Became Fact," in God in the Dock: Essays on Theology and Ethics, ed. Walter Hooper (Grand Rapids: Eerdmans, 1970), p. 67을 보라. 『피고석의 하나님』(홍성사). 루이스의 이 자료를 알려 준 케빈 밴 후저에게 감사를 전한다.

근대 철학자들은 여전히 이야기를 들려준다. 리오타르의 논평처럼, "국가는 엄청난 돈을 쓰면서 과학을 서사시처럼 보이게 한다"(*PC*, p. 28). 과학이 스스로 정당화하려 할 때마다 과학은 과학적이기를 그치고 내러티브가 되며, 과학적 정당화를 할 수 없는 기원 신화에 호소한다. 근대성의 과학은 불가능한 것을 스스로에게 요구한다. "과학의 언어 게임은 스스로의 진술이 참이기를 바라지만, 진리임을 자력으로 정당화할 자원을 가지고 있지 않다"(*PC*, p. 28). 이성을 지식 여부를 판단하는 기준으로 삼고 이성에 호소하는 것은 수많은 언어 게임 가운데 하나에 지나지 않는다. 즉 이 게임 역시 게임의 기초를 이루는 믿음이나 약속을 통해 지식 여부를 결정한다. 이성은 신화에 기반을 둔다. 따라서 리오타르가 사용하는 '메타내러티브'라는 용어는, 이렇게 보편적·합리적·과학적 기준에―마치 이 기준들이 특정한 신화나 내러티브에서 분리된 것처럼―잘못 호소하는 것을 가리키는 말이다. 포스트모더니스트가 보기에, 모든 과학자는 신자다.

여기서 앞서 제기한 질문으로 돌아가야 한다. 탈근대성이 메타내러티브를 불신하는 것이라면, 그리스도교 신앙이 성경의 거대한 이야기에 기반해 있는 한 포스트모더니즘은 그리스도교 신앙을 거부하는 것을 뜻하는가? 그에 대한 대답은 분명 '아니오'이다. 성경의 내러티브와 그리스도교 신앙은 보편적·자율적 이성에 호소하기보다는 신앙(달리 번역하면 신화 혹은 내러티브)에 호소함으로써 그것들이 정당화된다고 주장하기 때문이다. 어떤 이들은 그리스도교 신앙이 이성에 의해 정당화된다고 주장할지도 모르겠다. 예를 들어, 복음주의 변증 논의에서 (전제주의자와는 대조되는) 고전적 혹은 증거주의 변증가는 그리스도교 신앙이 이성에 기반해 있으므로 메타내러티브가 된다고 주장할 수 있다. 변증 방법 논쟁사를 다시 살펴보지 않더라도 내가 주장하려는 바는, 고전적 혹은 증거주의 변증가는 리오타르의 메타내러티브 비판에 걸려들며(이들의 변증론은 보편 이성 개념과 어울리기 때문이다), 그러한 비판은 전제주의자들에게 환영받으리라는 것이다. 리오타르에게 건설적으로 관여하려면, 리오타르의 언어 게임 논의와 메타내러티브 비판 논의, 그리고 그 논의가 세계관에 관한 전제주의 담론 및 자율적 이성 비판과 맺는 상관관계를 고려해야 한다.[10] 다른 식으로 말하면, 고전적 변증론은 지식과 진리를 이해하는 데서 아주 명확히 근대적이다.

리오타르는 메타내러티브를, 그 자체가 지닌 특수성을 감추는 보편적인 정당화 담론이라고 매우 구체적으로 정의한다. 즉, 메타내러티브는 내러티브를 기초 삼아 전개되면서도 그 자체가 지니는 내러티브적 근거를 부정한다. 특히 주목해야 할 점이 있다. 포스트모던적 비판은 메타내러티브가 실제로 내러티브에 근거하기 때문에 메타내러티브를 겨냥한 게 아니다. 도리어 메타내러티브의 문제는 메타내러티브가 자신의 신화적 근거를 자백하지 않는다는 것

---

10 자율적 이성에 대한 섬세한 논의는 Herman Dooyeweerd, *In the Twilight of Western Thought: Studies in the Pretended Autonomy of Theoretical Thought*, ed. James K. A. Smith, Collected Works, B/4 (Lewiston, NY: Edwin Mellen Press, 1999)를 보라. 『서양 사상의 황혼에서』(크리스챤다이제스트).

이다. 포스트모더니즘은 내러티브나 신화를 불신하는 것이 아니라, 도리어 모든 지식이 내러티브나 신화 같은 것에 근거하고 있음을 드러낸다. 이렇게 이해하면, 성경의 내러티브가 실제로 메타내러티브가 아닌 한 미들턴과 왈쉬, 그렌츠, 잉그라피아 등이 제안한 (잘못된) 이분법은 해소된다. 그 결과 계몽주의 합리성에 대한 포스트모던적 비판을 그리스도교적으로 전유할 새로운 공간이 열린다.

그러니까 포스트모던의 조건을 특징짓는 것은, 범위 면에서 거대한 이야기를 혹은 서사시적 주장을 한다는 의미에서 거대한 이야기를 거부하는 게 아니라, 모든 지식이 **어떤** 내러티브나 신화에 뿌리를 두고 있다는 사실을 드러내는 것―쉐퍼와 반틸이 일찍이 제시한 통찰―이다. 하지만(여기서 나는 탈근대성의 진짜 문제 중 하나에 주목한다) 그 결과로 리오타르가 "정당화의 문제"(*PC*, p. 8)라고 묘사한(혹은 하버마스[Habermas]가 "정당화 위기"라고 묘사한) 문제가 발생하는데, 이는 우리가 보편적 기준이라고 생각했던 것이 단지 수많은 게임 가운데 하나였음이 드러났기 때문이다. 예를 들어, 심각한 도덕적 다양성이 존재하는, 또한 선(good)을 두고 경쟁하는 비전들이 존재하는 현실을 고려하면, 포스트모던 사회는 경쟁하는 주장들을 판결할 수 없는 난처한 상황에 처해 있다. 역사적 맥락과 언어 게임을 초월한 상급 법원에 호소할 수도 없고, 한 패러다임이나 도덕적 언어 게임이 다른 패러다임이나 언어 게임보다 정당하다거나 옳다고 할 수 있는 중립적 관찰자나 '신의 관점'도 존재하지 않는다. 모든 도덕적 주장이 역사적 약속이라는 패러다임에 의해 조건 지어진다면, 그 조건을 초월할 수는 없다. 따라서 모든 도덕적 주장은 패러다임에 의해 조건 지어지는 '논리' 안에서 작동한다. 다시 말해, 모든 언어 게임에는 저마다의 규칙이 있다. 결국, 무엇이 증명 내지 입증되는지 결정하는 기준은 게임에 따라 상대적이다. 그 기준은 같은 패러다임을 공유하거나 같은 언어 게임에 참여하는 사람들에게만 규칙으로 작용한다. 언어 게임의 통약불가능성(incommensurability)이란, 복수의 논리들이 존재하기에 공통 이성에 호소하여 증명하려는 어떤 일도 불가능하다는 의미다. 언어 게임의 통약불가능성 및 경쟁하는 신화의 복수성을 인정하는 것은 일치된 의견(consensus)이란 없음을, 공통 감각(*sensus communis*)이란 없음을 의미한다. 많은 사람이—특히 그리스도인들이—이 상황을 몹시 안타까워한다(그래서 모든 사람을 위한 공통 근거를 찾으려는 자연법 이론이 부흥한다). 그런데 이 상황이 우리 생각처럼 나쁜가? 예를 들어, 우리는 미국이 근대에 크게 누린 헤게모니를 상실한 것을 한탄하는가? 우리가 처한 상황이 바울이나 아우구스티누스가 처한 상황과 정말로 완전히 다른가? 모든 민족을 위한 공통 신화를 세우는 시도—콘스탄티누스의 전략—를 해야 하는가? 혹은 경쟁하는 다수의 신화 한복판에서 교회는 단지 증인이 되어야 하는가? (이 문제는 뒤에서 다시 다룰 것이다.)

이런 문제에 직면하여, 우리는 포스트모던의 조건을 구성하는 것이 바로 언어 게임의 복수성이라는 사실—하나의 이야기는 ('사람들'의 복수성 때문에) 보편적 자동-정당화를 주장할 수도 없고 (이성은 내러티브에 뿌리를 둔 여타 신화 중 하나일 뿐이기 때문에) 유령 같은 보편적 이성에 호소할 수도 없다는 조건—을 간과하지 말아야 한다. 그리고 이 복수성은 각 게임이 서로 다른 내러티브나 신화(즉, 토대가 되는 믿음)에 기반을 둔다는 사실에 기초한다. 이를 새로운 바벨로 이해하든 새로운 성령 강림으로 이해하든, 이 상황은 도전을 제기하지만 탈근대성 안에서 그리스도교적 증언을 할 독특한 기회도 제공한다. 율리시즈 에버렛 맥길은 지금 시대에도 존재하겠지만, 포스트모더니즘 역시 델마의 신앙 내러티브를 위한 공간을 열어 준다.

리오타르를 교회로 데려오기

리오타르를 따라, 포스트모더니즘은 메타내러티브를 불신한다는 범퍼 스티커식 이해를 바로잡고 포스트모더니즘이 합리주의적 지식 이해에 의문을 제기하는 방식을 보면서, 우리는 그리스도교적 증언이 담대하게 선포되고 그 이야기를 서술할 수 있는 공간을 포스트모더니즘이 열어 준다는 점을 인식하기 시작했다. 근대성 안에서 과학은 무엇을 진리로 간주할지에 대한 규칙을 세우고 신앙을 우화로 치부하는 임금님이었지만, 탈근대성은 그 임금님이 벌거벗었음을 보여 준다. 그러니 우리는 더 이상 신앙을 변명하지 않아도 된다. 복음 내러티브를 선포하면서, 변증하지 않아도 된다. 따라서 메타내러티브에 대한 포스트모던적 비판은 쉐퍼와 도이여베르트가 일찍이 이성의 자율성을 비판한 내용을 메아리처럼 되울린다. 그렇게 리오타르의 메타내러티브 분석 및 비판은 그리스도교 신앙과 교회의 삶에 두 가지 중요한 함의를 지닌다.

우리의 지식은 믿음으로 가득하다

본디 포스트모더니즘의 핵심은 신앙과 이성의 관계에 있다. 리오타르가 포스트모더니즘이 메타내러티브를 불신하는 것이라고 묘사할 때, 그는 자율적 이성이라는 개념, 즉 궁극적 헌신이 없는 보편적 합리성이라는 개념 자체를 의심하고 비판하는 것을 가리킨다. 근대성의 메타내러티브는 그 궁극적 근거가 되는 내러티브와 분리될 수 없으며, 따라서 그것이 이성적 정당화의 대상이 아니라는 믿음을 지향하는 신화와 떨어질 수 없다. 이런 관점에서, 과학 연구에서 패러다임이 하는 역할을 다룬 토머스 쿤의 분석을 예로 들어 생각해 보자. 신앙의 언어가 패러다임을 지배하고 있다는 점에서,[11] 쿤의 『과학혁명의 구조』에서는 패러다임이 우리가 세계를 지각하는 방식을 알게 하고 지식과 진리로 간주하는 것을 결정하는 "믿음의 집합체"(constellations of belief)[12] 역할을 한다고 지적한다. 즉 과학이, 아무런 정당화 없이 오히려 이후 정당화의 기초로 기능하는

---

[11] 이 구절에 딱 맞는 예를 보려면 Thomas Kuhn, *The Structure of Scientific Revolutions*, 2nd ed. (Chicago: University of Chicago Press, 1970)을 보라. 믿음에 관해서는 pp. 2, 4, 16, 43, 113, 약속에 관해서는 pp. 4-5, 7, 11, 40-43, 전통에 관해서는 pp. 6, 10, 39, 43을 보라. 『과학혁명의 구조』(4판, 까치글방).

[12] 같은 책, p. 175.

사전 믿음(prior belief)에 근거한다는 것이다. 패러다임 자체가 믿음이며, 신앙의 문제다. 비트겐슈타인도 이런 뜻으로 다음과 같이 말했다. "정당화를 끝까지 했다면 기반암에 도달해서 내 삽이 휘어진다. 그러면 나는 '내가 하는 일은 그저 이런 거지'라고 말하고 싶다."[13] 이 목록에는 가다머(Gadamer), 폴라니(Polanyi), 데리다 등도 추가할 수 있다. 이들의 공통점은 합리성, 특히 과학적·객관적 합리성이라는 계몽주의적 이상의 한계를 설정한다는 것이다.

이런 의미에서 리오타르가 포스트모던적 비판이 메타내러티브를 불신하는 것이라고 묘사할 때, 이는 자율적 이성이라는 개념 자체를 신화의 위치로 옮겨 놓는 것을 의미한다. 그리고 이것이 바로 그리스도인들이 동맹을 맺어야 할 기획이다. 특히 그러한 동맹을 맺음으로써 성경의 내러티브를 버릴 필요는 없음을 명확히 하고서 말이다. 나는 자율적·객관적·중립적 합리성이라는 생각에 의문을 제기함으로써, 탈근대성이 근본적으로 아우구스티누스적인 인식론의 회복을 제시한다고 주장해 왔다. 즉 이해하기 위해 믿음으로써 ─해석하기 위해 신뢰함으로써─ 신앙이 이성보다 앞서는 구조의 필연성에 주목하는 인식론이다.[14] 이 아우구스티누스적 구조가─

---

13   Ludwig Wittgenstein, *Philosophical Investigations*, trans. G. E. M. Anscombe (New York: Macmillan, 1959), §217. 『철학적 탐구』(아카넷).

14   내가 쓴 "The Art of Christian Atheism: Faith and Philosophy in Early Heidegger," *Faith and Philosophy* 14 (1997): pp. 71–81과 "Is Deconstruction an Augustinian Science? Augustine, Derrida, and Caputo on the Commitments of Philosophy," in *Religion with/out Religion: The Prayers and Tears of John D. Caputo*, ed. James H. Olthuis (London: Routledge, 2002), pp. 50–61을 보라.

'언어 게임이 많은 만큼 신앙도 많다'는 의미로—정형화되더라도, 근대(그리고 어쩌면 토마스주의)[15] 인식론(지식에 관한 이론)과 대조되는 (신앙이 이성보다 앞선다는) 구조는 그대로 남아 있다.

탈근대성의 메타내러티브 불신은 근대성이 그 고유의 약속을 부정한다는 사실, 즉 신앙을 버린다고 하면서도 신앙에서 벗어나지 못한다는 사실에 있다. 포스트모더니즘은 계몽주의에 신조가 없다는 믿음을 거부한다. 하지만 주목해 보라. 포스트모던적 비판은 근대 사상이 자신의 신앙을 포기하라고(확실히 근대적 태도다) 요구하는 게 아니라 자백하라고—믿는 바를 공개적으로 고백하라고—요구한다. 따라서 모든 사람에게는 '종교가 있다'는 것이 입증된 분위기에서, 우리는 포스트모던적 비판을 신화에 대한 재평가, 신앙의 올바른 방향 설정, 종교 담론—특히 온전한 그리스도교 철학—을 위한 새로운 공간 제공으로 간주할 수 있을 것이다.

이런 통찰이 그리스도교 학자와 사상가들에게 어떻게 도움이 되는가? 내 논지는 리오타르의 분석이 그리스도교 신앙을 이해하는 데 구체적으로 도움을 준다고 주장하는 게 아니다. 다시 말해, 그리스도교 신앙의 헌신을 이해하는 데 도움을 받기 위해 리오타르를

---

15 프란시스 쉐퍼가 *Escape from Reason*에서 주장했듯, 자율적 이성이라는 개념은 계몽주의만의 개념이 아니며 이미 아퀴나스의 자연 이성 이해에 나와 있다. 보에티우스 (Boethius)의 삼위일체론에 관한 아퀴나스의 주석 1문 1절에서 볼 수 있듯, 아퀴나스와 아우구스티누스는 이 점에서 의견이 다르다. 여기서 내 목표는 이 논쟁을 중재하려는 게 아니라 더 많이 숙고해 보아야 할 질문을 제기하는 것이다. 반대 논증을 보려면 John Milbank and Catherine Pickstock, *Truth in Aquinas*, Radical Orthodoxy Series (New York: Routledge, 2001)를 보라.

살펴보라고 주장하는 게 아니다. 오히려 그리스도교 사상가들은 리오타르의 메타내러티브 비판과 자율적 이성 비판을 보면서, 포스트모던 세계 속에서 철저히 그리스도교적인 증언을—사유와 실천 모두에서—할 공간을 열어 주는 동맹을 발견해야 한다. 리오타르는 (계몽주의 시대에 종교적 사유를 거부하는 근거였던) 보편적·자율적 이성이라는 생각 자체에 의문을 제기하고 더 나아가 모든 지식이 내러티브나 신화에 기반해 있음을 보여 줌으로써, 자율성을 주장하는 (세속) 철학을 상대화하고 그리하여 그리스도교 신앙에 기반을 둔 철학에 정당성을 부여한다. 예전 같았으면 이러한 명백한 그리스도교 철학은 편견과 선입견에 '감염'되었다는 이유로 '순수한' 철학 무대에서 추방되었을 것이다. 하지만 리오타르의 비판은, 선입견이나 신앙적 헌신에 오염되지 않은 철학은 없음을—정말로 그런 지식은 없음을—보여 준다. 이런 식으로 서로 동등하게 경기에 임할 수 있게 되고, 그리스도교 철학을 표명할 기회가 생겨났다. 따라서 메타내러티브에 대해 리오타르가 제기하는 포스트모던적 비판은 그리스도교 신앙과 그리스도교 사상을 위협하는 무시무시한 적이 아니라, 실은 그리스도교 철학을 구축하기 위한 동맹으로 받아들여질 수 있다.

그런데 메타내러티브에 대한 이 포스트모던적 비판은 그리스도교 학문에 시사점을 주는 것을 넘어 그리스도교적 목회 사역 및 공적 증언에도 중요한 영향을 미친다. 포스트모던적 비판이 효과가 있으려면, 공적 공간 및 세속 영역에 대한 근대적 개념을 버려야 한다.[16] 공적 광장에서 신앙을 제거하는 것이 근대의 의제이며, 탈근대성은 드넓은 사상의 시장에서 그리스도교를 증언할 새로운 터와 기회가 있음을 암시한다. 그렇더라도 우리가 계속해서 모더니스트의 방식으로 증언을 전파하지 않도록 주의해야 한다. 모더니스트의 방식이란, 그리스도교 신앙의 진리를 우리 식의 합리주의로 증명하려 시도하고 그것을 다원주의 문화에 강요하는 것(흔히 콘스탄티누스적 의제라고 묘사되는 것)이다. 포스트모더니티의 새로운 변증론은 쉐퍼의 끈기 있는 전제주의 변증론—모든 사람의 전제를 탁자 위에 올려놓고 그리스도교 신앙의 이야기를 서술하면서, 그 이야기로 경험과 세계를 이해하는 방식을 다른 사람들이 볼 수 있게 하는 변증론—을 메아리처럼 되울릴 것이다. 새로운 변증론은 **비**변증적일 것이고, 입증이 아닌 충실한 스토리텔링으로 특징지어질 것이다. 이런 변증은 분명 케리그마적이면서 카리스마가 있을 것이다. 즉, 성령의 능력으로 복음의 이야기를 선포할 것이다.

신앙의 내러티브적 특성

너무 많은 그리스도인이 경건한 유형의 율리시즈 에버릿 맥길이다. 즉, 너무 많은 그리스도인이 과학적 사실에 대한 근대주의자의 가치 평가에 빠져 결국 그리스도교를 그저 명제 모음으로 축소해 버

---

16   이 세속적 "괴롭히기" 전략에 대한 통찰력 있는 분석은 Stephen L. Carter, *The Culture of Disbelief: How American Law and Politics Trivialize Religious Devotion* (New York: BasicBooks, 1993)을 보라.

리고 있다. 우리의 믿음은 하나님, 예수님, 성령님, 죄, 구속 등에 대한 진술 모음을 목록화한 '신앙 진술서'에 요약되어 있다. 지식은 요약되고 부호화된 성경 정보로 축소된다.[17] 따라서 여러 면에서 그리스도교 신앙에 대한 우리의 이해는 근대성에, 리오타르가 말한 지식의 "컴퓨터화"(computerization)—단순한 '부호'(code)로 번역되거나 '데이터'로 환원될 수 없는 지식은 버려지는 상태를 가리킨다—에 굴복하고 말았다(*PC*, p. 4).[18] 하지만 하나님이 인류에게 주신 계시가 명제나 사실 모음집이 아니라 내러티브—창세기에서 요한계시록에 이르는 거대한, 광범위한 이야기—안에 주어진다는 것이 기이하지 않은가? 계시를 운반하는 주요 수단이 성경 정경 안에서 펼쳐지는 이야기라는 사실을 우리가 잊어버린 것은 아닐까?

리오타르는 모든 지식이 근본적으로 내러티브를 기초로 삼는다고 지적함으로써 그리스도교 신앙의 궁극적인 내러티브적 성격을 상기시킨다. 이는 계시의 내러티브적 성격을 강조하는 (예컨대 스탠

---

17 이를 D. A. Carson, *Becoming Conversant with the Emerging Church: Understanding a Movement and Its Implications* (Grand Rapids: Zondervan, 2005), chap. 7: "평가에 도움이 될 만한 몇몇 성구"에서 꽤 놀라운 방식으로 볼 수 있다. 이 7장은 단지 몇몇 본문을 모아 놓기만 해도—'참' 혹은 '진리'라는 단어가 사용된 성경 구절을 모은 일종의 작은 색인만으로도—'강한 포스트모더니즘'을 비판하는 자명한 힘이 있다고 여겨지는 증거 본문 모음이다. 이 점에서, 특히 내러티브의 문제에 관한 부분에서 카슨의 맥클라렌 비판(같은 책, pp. 163-166)은 요점을 놓친 서사시적 모험이다.

18 이러한 복음의 '명제화'는 반(反)선교적이다. 이를테면, 복음의 '사실'과 '데이터'가 '저 바깥'에 있다면 더 이상 할 일은 없다. 하지만 이야기하기와 상연이 중요하다면 선교는 중심되고 지속되는 일이다. 이 점을 두고 대화를 나눈 빌 반흐로닝언(Bill VanGroningen)에게 감사를 전한다.

리 하우어워스[Stanley Hauerwas]의 작업에서 볼 수 있듯) 후기자유주의 (postliberal) 신학을 메아리처럼 되울린다.[19] 내러티브는 왜 중요하며, 명제적 지식과 어떻게 다른가? 첫째, 내러티브는 보다 온전한 형태의 전달(따라서 계시) 수단으로, 상상력을 활성화하고 하나님의 이야기가 펼쳐지는 구체적인 세계에 모든 사람을 참여시킨다. 둘째, 그리스도교 신앙은 (유대교를 제외한) 다른 거의 모든 세계 종교와 달리 단순히 수집된 사상으로 이루어진 종교가 아니다. 그리스도교 신앙은 세계에서 일어난 하나님의 구속 행위라는 사건 및 이야기와 뗄 수 없이 연결되어 있다. 그리스도교 신앙은 "본디오 빌라도 치하에서 고난을 받으신" 말씀(the Word)의 사역에 기초하며, 그 사역은 서술될 때에야, 이야기로 들려줄 때에야 제대로 선포될 수 있다. 그리스도교 신앙을 사영리로 축소하는 발상은 과학적 지식에 철저하게 굴복했음을 시사하는 반면, 포스트모더니즘은 내러티브 지식의 회복을 시사한다. 또한 그리스도 안에 있는 하나님의 이야기를 더 확고하게, 비변증적으로 선포해야 한다는 함의가 있다. 성경이 포스트모던 교회에서 여전히 중심으로 남아 있어야 하는 이유가 바로 이것이다. 우리의 신앙을 서술하는 것이 바로 성경 정경의 이야기이기 때문이다.

---

19 또한 이 주제를 회복하자는 최근의 요청은 Michael S. Horton, *Covenant and Eschatology: The Divine Drama* (Louisville: Westminster John Knox, 2002)와 Kevin J. Vanhoozer, *The Drama of Doctrine: A Canonical-Linguistic Approach to Christian Theology* (Louisville: Westminster John Knox, 2005)를 보라. 『교리의 드라마』 (부흥과개혁사).

우리 신앙의 내러티브적 특성은 우리의 선포와 증언뿐만 아니라 예배와 형성에도 영향을 주어야 한다. 4장에서 형성의 문제에 초점을 맞추겠지만 지금 강조하고 싶은 것이 있는데, 바로 이야기 속에서 우리 자신을 발견하는 방법을 가르치기 위해서는 그리스도교 예배가 매주 복음의 내러티브를 다시 상연해야 한다는 것이다. 하나님이 세상에서 행하신 구속 행위의 이야기 안에 우리 자신을 기술할 수 있다는 것—극 속에서 우리의 역할, 이야기 속에서 우리의 캐릭터를 찾을 수 있다는 것—이 제자도와 형성의 핵심이다. 그러기 위해서 우리는 이야기를 알아야 하고, 그 이야기는 우리가 하나님의 백성으로 모일 때, 즉 예배의 자리에서 전달되어야 한다. 그래서 가장 포스트모던적인 회중은 성경 내러티브를 다시 상연하면서 고대적이 되는 법을 배우는 회중이 될 것이다.[20] 리오타르가 내러티브 지식에 대해 설명한 내용이 근대 이전과 포스트모던의 연관성을 보여 주는 것처럼, (내러티브의 역할을 제대로 알아보는) 포스트모던적 예배는 예전적(liturgical) 이야기—우리가 예배하는 바로 그 방식으로 창조, 타락, 구속(또한 십자가에 못 박히심, 묻히심, 부활하심)을 서술하는 일—의 회복을 암시한다.[21]

---

20 로버트 웨버도 *Ancient-Future Faith: Rethinking Evangelicalism for a Postmodern World* (Grand Rapids: Baker, 1999)에서 비슷한 내용을 제시했다.

21 마르바 던(Marva Dawn)의 작품이 예배의 신학에 관해 숙고하는 데 중요하다는 점을 말해 두겠다.

이야기하는 교회

이렇게 리오타르 및 포스트모더니즘과 만나면 교회는 어떻게 달라지는가? 이 일은 실천에 어떤 함의가 있는가? 2장에서 먼저 해체적 교회를 둘러본 것과 더불어 이번 장에서 제안한 내용을 바탕으로, '이야기하는'(storytelling) 교회에 방문하면서 계속해서 포스트모던 교회를 둘러보자. 무슨 일이 일어나고 있는가?

다시 말하지만, 성경의 역할이 핵심이라는 것을 확인할 수 있다. 성경은 텍스트로서 우리의 세계 이해를 매개할 뿐만 아니라 이야기로서 그 안에서 우리의 역할을 서술한다. 예배 공동체는 매주 하나님의 내러티브와 대면하는데, 이 하나님은 백성과 언약을 체결하시는 분, 자신이 한 약속을 신실하게 지키시는 분, 자기 백성과 관계하기 위해 역사 속에서 행동하시는 분이다.[22] 야웨의 이야기는 구원의 드라마—야웨가 '주인공'[23]이면서 우리 각자에게도 역할이 있는 드라마—로 펼쳐진다. 이 이야기의 폭을 이해하기 위해 포스트모던 교회에서는 매주 드라마의 여러 '막'(acts)에서 펼쳐지는 '장면'(scenes)을—구약에서 한 장면, 복음서에서 한 장면, 서신서에서

---

22   행동하시는 하나님 이야기에 대한 풍부한 설명은 Michael Horton, *Covenant and Eschatology*를 보라.

23   즉, 예배는 개인의 필요를 만족시키는 일이 아니라 하나님의 영광을 위한 일이다. 예배의 초점이 하나님의 중심성이라는 사실을 회복하려는 논의는 Michael S. Horton, *A Better Way: Recovering the Drama of God-Centered Worship* (Grand Rapids: Baker, 2002)을 보라.

한 장면 ― 서술한다.[24]

그런데 포스트모던 교회에서는 말씀으로 이야기를 서술할 뿐만 아니라, 실천을 통해서도 이야기를 서술한다. 초기 교회와 마찬가지로(행 2:42; 20:7) 이 포스트모던 공동체는 매주 성만찬을 거행한다. 성만찬을 거행함으로써 이 공동체에서는 복음, 즉 하나님과 그분의 백성이 새 언약을 제정한 일인 주 예수 그리스도의 죽음, 장례, 부활을 서술한다. 이 먹고 마시는 행위를 통해 공동체에서는 주님의 죽음을 "그가 오실 때까지"(고전 11:26) 선포한다. 포스트모던 교회는 성경 내러티브를 중심으로 이야기되는 공동체이면서, 그 내러티브를 행동으로 재연하는 성만찬 공동체이기도 하다. 게다가 주의 만찬의 상징과 표징은 우리를 위한 복음을 구현한다. 포스트모던 교회는 내러티브를 중시하기 때문에, 이야기를 중시하고 따라서 물질적인 기호와 상징이 불러일으키는 미적 경험을 중시한다. 다른 식으로 말하면, 상상력을 활성화하는 일종의 문학으로서 이야기가 담당하는 새로운 역할 때문에, 포스트모던 교회에서는 일반적으로 하나님의 신실하심에 관한 이야기를 구현하는 성육신적 매체로서 예술을 중시한다. 포스트모던 교회에서는 성상파괴주의(iconoclasm)를 일종의 근대적 플라톤주의로 보며, 이야기를 들려주는 데서 미적인 것(감각을 이용하는 것)이 하는 역할을 긍정한다. 하나님은 말씀이 육신 ― 보이지 아니하는 하나님의 형상(골 1:15) ― 이 되는 성육

---

24 2장에서 다룬 전례독서 사용에 바탕을 둔 내용이다. 전례독서를 사용하면 공동체가 시간이 지남에 따라, 좋아하는 장면만이 아니라 전체 이야기를 다루는 데 도움이 될 것이다.

신을 통해 인류와 소통하시는 것처럼, 빵과 포도주라는 물질적 상징뿐만 아니라 이미지와 춤을 통해서도 교회에 계속 말씀하신다.[25]

포스트모던 교회는 실용주의적 복음주의라는 경향에 저항하는데, 이런 복음주의에서는 문화에 접근하기 쉽도록 혹은 문화에 매력적으로 보이고자 이야기를 '지나치게 단순화'하려 한다. 포스트모던 교회는 오히려 성경 내러티브가 들리는 그대로 영원성을(또한 시의 성을) 지님을 긍정한다. 포스트모던 교회는 성경 이야기를 현대적인, 더 '받아들일 만한' 내러티브로 번역하려 하기(대개는 결국 내러티브를 문화에 맞추게 된다)보다는 청중을 내러티브 안으로 끌어들이려 한다. 진정한 그리스도교 예배는 외부인을 복음 안으로 초대하면서 동시에 예수 그리스도의 제자를 형성하는 데 필요한 주요 수단을 제공한다. 다시 말해, 진정한 예배는 구도자에게 다가가는 것과 성도를 세우는 것 사이에서 하나를 선택할 필요가 없다. 성육신적 예배에서는 둘 다 이루어진다. 스코틀랜드 교회의 『공동 예식』(Common Order)에서 예배에 대해 말하듯, 공적 예배는 "회심시키는 의식"이자 "교화하는 의식"이다.[26] 즉, 예배는 잃어버린 자들을 그리스도의 몸으로 초대하는 방법이자 성도들을 세워 마음과 목숨과 뜻과 힘으로 하나님 나라를 추구하는 사람으로 형성하는 방법이 될 수 있다.

---

25   5장에서 다시 미학과 예전을 더 충분하게 다룰 것이다.

26   이 점에 관해서는 William Storrar, "From Braveheart to Faint-Heart: Worship and Culture in Postmodern Scotland," in *To Glorify God: Essays on Modern Reformed Liturgy*, ed. Bryan Spinks and Iain Torrance (Grand Rapids: Eerdmans, 1999), pp. 70-71을 보라.

그러므로 예배에는 환대라는 특징이 있어야 한다. 초대하는 행위가 있어야 한다. 그러나 동시에 예배에서는 구도자를 교회의 독특한 이야기와 언어로 초대해야 한다.[27] 예배는 문화 간 환대의 장이 되어야 한다. 비유를 들어 보겠다. 내가 프랑스로 여행을 갈 때, 나는 환영받는 느낌을 받기를 바란다. 하지만 내가 그곳을 집처럼 느끼도록 하기 위해 나를 초대한 프랑스인이 미국인이 될 필요는 없다. 나는 그가 영어로 말하고 피자를 주문하며 뉴욕 양키스에 대해 말하는 등의 행동을 하기를 기대하지 않는다. 정말 그런 걸 원했다면 나는 그냥 집에 머물러 있었을 것이다! 오히려 나는 그들만의 독특한 프랑스 문화 안에서 환영받기를 바란다. 그것이 애초에 내가 프랑스에 온 이유다. 이를 위해 나도 어떤 노력을 해야 한다는 것을 안다. 나는 다른 것을 기대한다. 정말로 이렇게 다른 것을 찾고 있다. 마찬가지로, 나는 환대하는 예배에서 구도자들은 우리 문화에서 제공하지 못하는 무언가를 찾고 있다고 생각한다. 쇼핑몰에서도 얻을 수 있는 식의 종교 상품을 원하지 않는 사람이 많다. 특히 탈근대적 혹은 X세대 구도자들이 그러하다. 이들은 MTV가 결코 줄 수 없는 초월과 도전이 담긴 요소를 기대한다. MTV화된 유형의 복음이 아니라 고대 복음의 신비로운 실천을 찾고 있다.

퀸 폭스(Quinn Fox)는 스타벅스와 교회를 다룬 훌륭한 비유로 이

---

27 이 문제에서 Marva Dawn, *Reaching Out without Dumbing Down: A Theology of Worship for This Urgent Time* (Grand Rapids: Eerdmans, 1995)에 크게 빚졌다.『예배, 소중한 하늘 보석』(예배와설교아카데미).

점을 포착해 낸다. 그가 주장하길, 교회는 "커피의 언어에서 공동의 예배 언어를 배울 수 있을 것이다. 스타벅스는 사람들이 배워야 할 독특한 메뉴가 있다는 사실이 나쁘지 않다는 점을 깨달은 것 같다." 그는 간증하며 이렇게 고백한다. "나는 커피에 대한 우리 부모님의 헌신을 물려받지 못했다. 오히려 30대 후반에 '이 헌신을 알게 되었다.'" 그는 커피를 믿는 신앙을 갖게 되면서 새 언어, 스타벅스의 이탈리아식 용어를 배워야 했다. 그러나 그는 이 점이 불쾌하지 하지 않았다. 이 점이 사용자 친화적이지 않다며 불평하지 않았다. 오히려 그는 자신이 새로운 세계로 초대받고 있다고 느꼈다.

한창 바쁠 때 계산대로 향하는 신도들의 (느리긴 해도) 질서 정연한 행렬이 이어진다. "페퍼민트 라떼 그란데 사이즈인데 무지방, 트리플 샷에 시럽은 2번 넣어 주시고 휘핑 크림 추가해 주세요" 같은 주문이 있을 수 있다. 계산대 직원이 큰 소리로 주문을 전달한다. 낯선 용어 때문에 문제가 생길까 봐 걱정할 필요가 없다. 성전에서 도우시는 분이 중간에서, 이른 아침의 '말할 수 없는 탄식'을 완벽한 커피 이탈리아어로 번역하여 전달한다. 바리스타(마치 '프리스트'[priest, 사제]처럼 들린다)는 에스프레소 바 뒤에서 청원문을 그대로 반복해 말하면서 열심히 커피 음료를 만드는데, 마치 말로 커피를 만드는 것 같다. 더욱 관계적인 가맹점에서는 주문에 고객의 이름이 붙는다. 음료가 준비되면, 그 별난 주문이 완성되면, 바리스타는 도유(塗油)가 준비되었음을 알리기 위해 주문 내

용을 다시 한번 노래한다.[28]

포스트모던 예배도 이와 동일하다. 고대의 낯선 실천에 맞춰져 있지만, 신앙인뿐만 아니라 이야기의 리듬과 운율을 탐색 중인 사람들도 초대한다.

마지막으로, 포스트모던 교회는 세상을 위한 복음 이야기를 살아내는 것이 교회의 주된 책임임을 인식한다. 교회는 하나님의 드라마가 펼쳐지는 무대다. 그러니 그리스도인들에게는 '잘 연기할' 책임, 사랑과 정의의 공동체인 교회에서 하나님의 사랑을 충실하게 연기할 책임이 있다고 말할 수 있을 것이다. 우리의 스토리텔링은 우리가 이야기를 살아 냄으로써 뒷받침되어야 한다.

---

28 Quinn Fox, "Liturgy and Starbucks," Perspectives (February 2003). Online: http://www.perspectivesjournal.org/perspectives/2003/02/seeit-starbucks.php를 보라.

4

권력/지식/훈육: 푸코와 포스트모던 교회의 가능성

미셸 푸코는 감옥과 학교, 병원과 공장, 성(sex)과 돈 같은 권력 제도에 관심을 둔다. 그는 포스트모던 교회에 어떤 말을 할 수 있는가? 이번 장에서는 "권력은 지식이다"라는 푸코의 주장이 그리스도교적인 형성과 제자도에 어떤 통찰을 주는지 살펴볼 것이다.

커튼 걷기: 〈뻐꾸기 둥지 위로 날아간 새〉

병원은 기계다. 〈뻐꾸기 둥지 위로 날아간 새〉(*One Flew over the Cuckoo's Nest*)[1]에서 추장의 기본 생각이다. 병원은 권력과 통제를 이용해 개인을 '처리'하는 연합체의 한 부분이다. 병원의 벽은 감시와 억압의 기계 소리, 즉 "검은 기계의 콧노래, 미움과 죽음과 여타

---

1   밀로스 포먼(Milos Forman)이 감독한 1975년 영화를 말하고 있지만, 켄 케이시(Ken Kesey)의 원작 소설도 있다(1962; repr., New York: Penguin, 1976). 소설에서는 추장의 관점에서 일인칭으로 서술한다.

병원의 비밀을 웅얼거리는 소리"로 가득하다.[2] 이 오리건 병원의 정신병동에서 추장―장기 입원자―은 벽 너머를 보는 능력이 있어서 병원 권력의 음모를 직접 관찰할 수 있다. 치료를 목적으로 하는 방안들조차 실상은 통제 체계, 지배 체계였다. 간호조무사에서 약, 엄격한 일정과 처방(regimen)에서 굴욕감을 줄 뿐인 '치료 모임'에 이르는 모든 일이 억압의 사운드트랙으로 기능하는 진부한 배경 음악에 맞춰 진행된다.

이 기계의 중심에는―또한 기계의 효과이기도 한―래치드 간호사의 감시하는 눈이 있다. 유리로 둘러싸인 간호사실에서 그녀는 교도소 감시탑에 있는 교도관처럼 병동을 감시한다. 정말로 정신병동은 일종의 파놉티콘(panopticon), 즉 권력의 중심부에서 모든 대상을 볼 수 있는 구조로, 감시 장치를 통해―모든 행동을 보고 있다는 위협을 통해―대상들의 행동을 철저하게 감시한다. 래치드 간호사는 이러한 주위 상황을 감독하면서 모든 도구를 동원하여 감시와 처벌을 수행한다. 로봇처럼 보이는 래치드 간호사는 저 기관의 눈과 귀이자, 훈육관이다. 가끔 추장은 그녀의 본모습, 그녀의 내면이 작동하는 모습을 언뜻 본다. 그때 "그녀는 정말 정신이 나가서 과장된 미소를 일그러뜨리고 소리를 내면서 으르렁거리며 트랙터보다 더 크게 부르릉대는데, 얼마나 세던지 마치 너무 큰 짐을 끄는 내연 기관 냄새를 맡는 식으로 기계 내부의 냄새를 맡을 수 있을

---

2   Kesey, *One Flew over the Cuckoo's Nest*, p. 1. 영화 〈브라질〉(*Brazil*)에서 덕트의 기능과 비교해 볼 수도 있다.

정도였다."³ 그러나 추장도 잘 알고 있듯, 래치드 간호사는 체계의 얼굴, 즉 체계의 일부일 뿐이다. 추장이 결론 내리길, "그녀는 스스로 수간호사인 게 아니다. 전체 연합체, 전국적 연합체가 진짜 큰 힘이며, 간호사는 단지 그들을 섬기는 고위직 간부일 뿐이다."⁴

물론 래치드 간호사는 자기가 하는 일이 감시라고 말하지 않고 그렇게 생각하지도 않는다. 당연히 처벌이라고 생각하지도 않는다. 이 기관의 공식 목표는 치료와 회복이다. 혹은 추장이 사용한 기계 은유를 빌리자면, 병원은 수리 가게다. 제조하는 곳이 아니라, 별난 사람들이 가게에 도착하면 그들을 재상품화하는 곳이다. 거기서는 깨진 물건을 틀에 넣어 모난 부분을 깎아 내고 사회의 기대에 부합하는 모양으로 만들어 낸다. 의사는 치료를 위해 설계된 '설치' 절차(procedure)를 수행하는 기술자에 불과하다. 때때로 환자들의 전기 배선이 오작동을 일으키면 병원에서는 고전압을 걸어(전기 충격 요법으로) 회로를 재설정해야 한다. 일부 환자가 처음에 우려를 표하지만, 환자 대니얼 하딩은 이 처치(procedure)의 목표가 이 기관의 목표를 축소해 놓은 것일뿐이라고 설명한다. "이 나라에서는 뭔가 고장이 났을 때, 가장 빨리 고칠 수 있는 방법이 가장 좋은 방법이지." 이것이 '전기 처형'과 비슷하지 않냐는 주장에 대해 하딩은 계속해서 이렇게 말한다. "둘은 생각보다 더 긴밀한 관계가 있지. 둘

---

3   같은 책, p. 5.

4   같은 책, p. 181.

다 치료라고."[5]

하지만 추장이 진짜로 우려하는 것은 약과 시간표, 규제와 전기 충격 요법이라는 처방이 아니다. 더 큰 우려는 연합체의 더 은밀한 작업, 즉 비밀스런 통제와 조작이다. 당신도 모르게 '당신에게 작용하는' 방식, 추장의 아버지에게 작용했던 방식이다. "그들은 네가 맞설 수 없는 방식으로 네게 임할 거야." 추장은 경고한다. "그들은 뭔가를 **설치하지**. 네가 크는 걸 알자마자 시작하고, 네가 어릴 때 작업해서 그 지독한 기계를 설치해. 그리고 그건 네가 **고쳐질** 때까지 계속, 계속 작동할 거야."[6]

어느 날 팬들턴 교화 농장에서 정신병동으로 이송된 랜들 P. 맥머피가 파놉티콘으로—연합체와 래치드 간호사의 손아귀로—들어온다. 맥머피에게 가장 치료(repair)가 필요한 부분은 바로 그가 스스로 자신은 치료가 필요하지 않다고 생각한다는 사실이다. (맥머피가 구금되어 있는 반면, 다른 환자들은 대부분 자발적으로 병동에 들어와 치유라는 수리 작업에 복종하기를 선택한다.) 맥머피는 래치드 간호사에게 프로젝트 대상이 되는데, 그녀는 그를 '장악하는' 계획을 지닌 '조작자'로 보기 때문이다. 그러나 연합체와 그 밀정들에게 맥머피가 꾸미는 일은 일어나지 않을 것이다. 〈뻐꾸기 둥지 위로 날아간 새〉의 내러티브는, R. P. 맥머피를 고치려고 애쓰는 체계와 그 체계가 지닌 힘에 맞섬으로써 추장처럼 체계의 손아귀에 있는 다른 사람들

---

5 같은 책, p. 179.

6 같은 책, p. 209.

이 저항하도록 영감을 주는 맥머피의 저항을 이야기한다. 그러나 끝내 이야기는 체계의 승리로 막을 내리는데, 맥머피는 결국 뇌엽 절제술을 받고 생기 없이 껍데기만 남은 몸으로 급성 병동에 남겨진다. (추장은 맥머피의 신화가 훼손되지 않도록, 이제는 고분고분해진 맥머피를 질식시켜 살해한다. 그리고 맥머피의 영웅적 저항 덕분에 마침내 얻은 힘과 추진력으로 정신병동 유리를 깨고 인근 언덕으로 탈출한다.)

이 영화와 소설은 제도 권력 자체를 비롯하여 그 권력이 '치료'(cure)와 '환자에게 좋은 것'이라는 온정주의적 주장으로 권력 메커니즘을 채색하려는 시도를 생생하고도 충격적으로 그려 낸다. 맥머피는 자신의 리비도를 동력으로 하여 체계에 저항한 영웅이었지만, 그가 다른 환자들이 저항하도록 힘을 실어 준다 해도 연합체의 톱니바퀴가 돌아가는 것을 멈추지는 못했다. 맥머피는 신화적 인물이 되었지만 기계에 의해 박살나고 말았다. 따라서 〈뻐꾸기 둥지 위로 날아간 새〉는 제도, 제도적 권력, 그리고 제도가 우리에게 행사하는 통제력에 대해 깊은 의심을 품게 한다. 이는 1960년대 작품에서 기대할 만한 것이다. 우리에게 남겨진 것은 래치드 간호사의 귀환, 병원의 계속되는 음모, 벽에서 여전히 울리는 연합체의 웅웅거리는 소리다. 제도 권력의 통제와 덫에서 벗어나려면 추장을 따라 부서진 창문 밖으로 나가는 수밖에 없다. 제도는 없지만 '자유로운' 곳에서 홀로 방랑하는 것이다.

푸코의 주장: 권력은 지식이다

이런 점에서 미셸 푸코는 우리의 불경한 삼위일체─리비도가 추동하는 반항,[7] 통제에 항의하기, 근대 문화에서 체계의 은밀한 지배를 기록함으로써 체계에 저항하기─를 말하는 랜들 P. 맥머피라 할 만하다. 포먼의 〈뻐꾸기 둥지 위로 날아간 새〉가 한 세대에게 영상으로 된 버팀목이었다면, 그와 유사하게 미셸 푸코의 『감시와 처벌』(*Discipline and Punishment*)은 형사 사법에서 교육에 이르기까지 여러 분야에 걸쳐 탈근대성에 대한 버팀목이 되었다.[8] 흥미로운 점은, 푸코가 감옥의 역사를 서술하는 방식이 학교, 공장, 병원 같은 다른 기관에 대해서도 많은 것을 말하고 있다는 것이다. 〈뻐꾸기 둥지 위로 날아간 새〉에 나오는 병원이 푸코가 초기작인 『임상의학의 탄생』(*The Birth of the Clinic*)[9]에서 제시한 구체적인 병원 분석을 반영한 것으로 예상할 수 있겠지만, 래치드 간호사가 감시하는 정신병동은 『감시와 처벌』에서 묘사한 교도소 체계와 더 닮았다. 사

---

7 이것은 제임스 밀러(James Miller)가 *Passion of Michel Foucault* (New York: Simon & Schuster, 1993)에서 제시한 (다소 논란이 있는) 푸코 해석이다. 밀러가 주장하는 바는, 푸코의 이론은 그가 성적 탈선을 경험하고 실험한 결과를 반영한 내용이라는 것이다.

8 Michel Foucault, *Discipline and Punish: The Birth of the Prison*, trans. Alan Sheridan (French original, 1975; repr., New York: Vintage, 1977). 『감시와 처벌』(나남). 이후에 본문에서는 *DP*로 줄여 표기한다.

9 Foucault, *The Birth of the Clinic: An Archaeology of Medical Perception*, trans. A. M. Sheridan Smith (French original, 1963; New York: Vintage, 1973). 『임상의학의 탄생』(이매진).

실 '감옥의 탄생'에 대한 푸코의 설명은 단순히 교도소에 대한 내용이 아니라고 인식해야 한다. 푸코의 설명은 사회 전체가 감옥을 반영하는 방식에 대한 내용이다. 감옥은 사회 그 자체의 축소판이다.

푸코가 보기에, 우리가 가장 소중하고 중요하게 여기는 기관—병원, 학교, 기업, 물론 감옥도—의 근간에는 권력관계의 그물망이 있다. 우리가 가장 소중하게 여기는 이상도 마찬가지다. 푸코가 주장하길, 본질적으로 지식과 정의는 권력으로 환원된다. 우리 근대인은—특히 "스쿨하우스 락"(Schoolhouse Rock, 3분짜리 노래로 제작하는 교육용 애니메이션—옮긴이)을 보면서 자란 근대인은—"지식은 힘(power)이다"라는 프랜시스 베이컨의 격언에 의해 형성되었지만, 푸코의 포스트모던 공리는 "권력(power)은 지식이다"이다. 하지만 푸코는 이런 생각을 범퍼 스티커 문구처럼 사용하는 것을 반대한다. 그가 분명히 말하듯, 그의 말은 지식과 권력이 동일함을 의미하지 않는다.[10] 오히려 그는 지식과 권력의 불가분한 관계를 강조한다. 지식 혹은 지식으로 간주되는 것은 중립적으로 결정되지 않는다.[11]

---

10   푸코에 따르면 이렇다. "당신이 이해해야 하는 사실을 하나 말할 수밖에 없네요. '지식은 권력이다' 혹은 '권력은 지식이다'라는 논제를 읽을 때—물론 그 출처가 저라는 걸 압니다—저는 웃기 시작합니다. 둘의 **관계**를 연구하는 게 정확히 저의 문제이기 때문이죠. 이 둘이 동일하다면 공부할 필요가 없을 테고 그만큼 피로도 덜 수 있을 겁니다. 제가 둘의 관계를 묻는 질문을 제기한다는 것 자체가 둘을 **동일시하지** 않는다는 걸 분명히 드러냅니다"("Critical Theory/Intellectual History," an interview reprinted in *Critique and Power*, ed. Michael Kelly [Cambridge, MA: MIT Press, 1994], p. 133).

11   이것이 내가 뒤에서 푸코의 '계보학'이, 지식 구성에서 '통제 믿음'(월터스토프)의 역할을 강조하는 인식론에 대한 전체주의적 접근 방식과 공통점이 있다고 주장하는 이유다.

오히려 지식으로 간주되는 것은 권력의—사회적·정치적·경제적—그물망 안에서 구성된다. 푸코가 『감시와 처벌』 서두에서 말하듯, 우리는 권력이 광기로 이어진다는 관념을 포기해야 한다. 그와 반대로, "우리는 권력이 지식을 생산한다는 것(단순히, 지식이 권력에 봉사하기 때문에 지식을 조장함으로써 생산한다거나 혹은 지식이 유용하기 때문에 지식을 이용함으로써 생산한다는 것은 아니다), 권력과 지식이 서로를 직접 함의한다는 것, 상관관계가 있는 지식장을 구성하지 않는 권력관계란 없으며 동시에 권력관계를 전제 및 구성하지 않는 지식도 없다는 것을 인정해야 한다"(DP, p. 28). 따라서 푸코는 '권력-지식 관계' 혹은 권력/지식 '결합체'를 자주 이야기한다.

〈뻐꾸기 둥지 위를 날아간 새〉의 추장처럼, 포스트모더니즘의 특징은 깊은 의심의 해석학이다.[12] 그래서 푸코는 니체를 따라 자신의 지성사 탐구 방법을 '계보학' 또는 '고고학'이라고 설명한다. 이런 학문의 과제는 진리라고 불리는 것을 형성하는, 은밀하고 깊이 감추어진 편견과 선입견을 밝히는 것이다.[13] 순결한 진리 주장은 없다. 아주 깨끗하고 때 묻지 않은 상태로 하늘에서 우리 지성 안으로 떨어지는 지식은 없다. 명백하다고 혹은 자명하다고 주장되는 것도

---

12 죄가 구조에 깊이 미치는 효과를 아는 그리스도인은, 비록 의심이 마지막(혹은 첫) 단어가 되지 않더라도 의심의 해석학으로 작업해야 한다. 이런 맥락에서 실천에 중점을 두고 전개하는 논의는 Merold Westphal, *Suspicion and Faith* (Bronx, NY: Fordham University Press, 1998)를 보라.

13 푸코는 그의 논문 "Nietzsche, Genealogy, History," in *Language, Counter-Memory, Practice*, ed. Donald F. Bouchard (Ithaca, NY: Cornell University Press, 1977)에서 이 방법을 아주 면밀하게 풀어낸다.

사실은 다른 이해관계 —권력의 이해관계—가 추동하는 것이다. 누군가가 "무슨 말이야? 원래 그런 거잖아. 모르겠어?"라고 말한다면, 푸코는 계보학자로서 그러한 사고의 계통을 추적하여 사고를 정말로 추동하는 믿음을 찾아낸다. 혹은 그의 고고학적 은유를 사용하자면, 그는 객관적 진리라고들 하는 것의 표면 아래를 파헤쳐 그 표면 아래에서 작동하는 권력의 음모를 보여 준다. 병원의 깨끗한 벽 너머로 무시무시한 일을 꿰뚫어 보았던 추장처럼, 푸코는 깔끔하고 정돈된 객관적 진리 주장을 단지 권력의 가면으로 보며 그 이면을 꿰뚫어 본다. 이 계보학자에게는 추장과 마찬가지로 비판적 투시 능력이 있으며, "사물 뒤에 '완전히 다른 것'이 있음을 안다. 시간을 초월한 본질적 비밀이 아니라, 사물에 본질이라는 것은 없다는 비밀, 혹은 이질적인 형태를 조금씩 조작하여 사물의 본질을 만들어 냈다는 비밀 말이다."[14] 끈기 있게 가계도를 기록해서 가족이 노예제라는 악과 연루되어 있음을 보여 주는 계보학자처럼, 푸코의 계보학은 과학적 객관성이나 도덕적 진리에 대한 근대성의 주장이 권력관계라는 독이 든 나무의 열매임을 보여 주려고 한다. 건축학 은유를 사용하자면, 푸코의 고고학은 우리가 확실히 토대라고 생각했던 것이 사실은 구멍 바닥에 쌓인 파편들을 모은 것과 같음을 보여 주려고 한다.[15] 푸코는 마치 우리가 토대를 잃어버린 것 같은 이

---

14 같은 글, p. 142.
15 "토대를 세우려고 가계를 탐사하는 게 아니다. 도리어, 이는 이전에 움직이지 않는다고 간주했던 것을 흔드는 일, 통일된 것으로 여겼던 것을 분열시키는 일, 자신과 일치한다

상황을 슬퍼하지 않는다. 오히려 항상 그래 왔던 이 상황을 인정하게 한다.

따라서 권력이 지식이라고 주장하는 것은, 제도와 이상의 배후에 있는 권력관계에 대해 주장하는 것이다. 니체가 일찍이 『도덕의 계보』(*Genealogy of Morals*)에서 주장했듯, 선과 악은 강자와 약자의 권력 이해관계에 우리가 부여하는 이름일 뿐이다. 따라서 푸코는 이런 결론을 내린다. "어떤 의미에서, 이 '비장소'(non-place)에서 **끊임없이 반복되는 지배의 연극**이라는 단 하나의 드라마만 연출된다."[16] 인류의 이야기는 칸트(그리고 리처드 로티)식의 끊임없는 진보나 민족의 지속되는 발전이라는 계몽주의적 허구가 아니다. 오히려 한 전투에서 다른 전투로, 한 지배에서 다른 지배로 이행하는 일일 뿐이다.

하지만 푸코의 주장은 높은 데서 내리는 선포, 마치 그가 반대했던 하늘에서 보낸 공리 같은 게 아니다. 권력과 지식의 관계에 대한 푸코의 주장은 선험적이거나 추상적인 주장이 아니다. 오히려 병원과 감옥, 혹은 광기 대 이성이라는 관념, 혹은 성의 역사 같은 구체적인 제도와 이상을 분석한 데서 자연스럽게 솟아난 주장이다. 따라서 푸코의 주장은 항상 사례 연구에 기초해서 이루어진다―공리가 사례에 적용되는 게 아니라 사례로부터 공리가 나온다. 푸코가 권력은 지식이라고 생각한다면, 그것은 근대 제도의 역사가 이

고 상상했던 것의 이질성을 보여 주는 일이다"(같은 글, p. 147).

16   같은 글, p. 150, 강조를 추가함.

를 입증하기 때문이다. 푸코의 사례 연구 가운데 하나를 상세히 살펴보자. 그럼으로써 푸코가 어떻게 작업하는지 알 수 있고 그가 제시하는 더 일반적인 주장의 맥락을 이해할 수 있다. 나는 푸코의 가장 영향력 있는 연구, 즉『감시와 처벌』에서 제시한 감옥 연구에 초점을 맞추었다.

훈육 대상

근대 감옥에 대한 푸코의 설명은 1757년에 있었던 끔찍한 장면, 즉 국왕을 살해하려 한 다미앵이라는 사람의 처벌과 처형에 대한 상세한 설명과 함께 시작한다. 다미앵은 셔츠만 걸치고 소 수레에 실려 "그레브 광장으로" 이송되었다. "거기 세워진 처형대 위에서 그의 가슴, 팔, 허벅지, 종아리의 살을 빨갛게 달군 집게로 떼어 내고, 오른손은 왕을 살해하려 했을 때 단도를 잡은 모습 그대로 유황불에 태우고 … 그다음에 몸은 말 네 마리가 끌게 하여 네 조각을 내고 팔다리와 몸은 불에 태워 재로 만들고서 그 재는 바람에 날려 보낸다"(*DP*, p. 3). 결국 마지막 형을 집행하기 위해서는 말 여섯 마리가 필요했다. "그것만으로는 충분하지 않아서, 죄수의 허벅지를 자르기 위해 어쩔 수 없이 힘줄을 자르고 관절을 부숴야 했다"(*DP*, p. 3).

정의를 명분 삼아 기획된 이 사건을 묘사한 내용은 정말 섬뜩하지만—분명 푸코는 바로 그런 의도를 가지고 자신의 논의를 연다

―푸코의 관점에서 근대 사회가 어떤 면에서는 다미앵을 고문하고 처형한 사회보다 더 나쁜 사회라는 것을 인식해야만 우리는 푸코의 분석을 제대로 이해할 것이다. 다시 말해, 푸코가 『감시와 처벌』에서 내세운 논지는 다미앵을 고문한 사회가 오리건의 정신병원에 추장을 가둔 사회보다 덜 위험하다는 것이다. 즉, 다미앵이 겪은 고통은 어떤 면에서 랜들 P. 맥머피가 겪은 고통보다 덜 악하다. 푸코는 『감시와 처벌』의 끝에 다다를 즈음에는 우리가 근대 사회에 만연한 지배의 메커니즘에 똑같이 섬뜩함을 느끼길 원한다.

그래서 『감시와 처벌』은―푸코의 거의 모든 사례 연구가 그렇듯―결국 감옥 연구가 아니라 근대 사회 전체를 다루는 연구다. 푸코가 형벌 제도 내에서 처벌과 훈육 전략의 변화를 기록으로 제시할 때, 이 변화는 현대 서구 문화 속 더 광범위한 움직임의 축소판에 불과하다. 푸코의 책은 고문(대략 16-17세기)에서 처벌(18세기)로, 마침내 훈육(19-20세기)으로 이어지는 형벌 이론의 역사적 발전을 추적하는 세 부분으로 나뉘어 있지만, 푸코의 기술적 논법의 기저에 깔린 힘은 이 세 시대 사이에 질적 차이는 없음을―오히려 나중에 이루어진 발전이 어떻게 봐도 더 잔인함을―보여 준다는 것이다. 처벌의 변화에 관한 이야기는 진보의 내러티브가 아니다. 인간적인 것의 승리에 관한 이야기는커녕, 하나의 지배 형태가 다른 (더 음흉한) 지배 양식으로 대체되는 이야기다. 푸코는 감옥의 역사라는 부차적 플롯이 아니라 우리가 어떻게 지금에 이르렀는지에 대한 이야기, 즉 추장과 맥머피처럼 우리 모두가 통제와 억압의 메커니즘에 종속되어 있는 근대 '훈육' 사회에 대한 이야기를 기술하는 데 관심이 있다.

권력의 힘줄로 사회를 통합하는 방식―다른 방식으로는 불가능했을 것이다―에 대한 푸코의 분석은 흥미롭다. 사회의 구성이 다르다는 것은 권력이 가진 힘의 짜임새가 다르다(더 낫다는 말은 아니다)는 것이다. 『감시와 처벌』의 세 부분 모두에서 푸코는 형벌의 역사에서 각기 다른 시대에 작동한 '권력의 메커니즘'을 설명하려 했다. 고문의 시대에 이 권력은 자백을 생산하기 위해 범죄자에게 작동했다. 자백이 진리를 생산하기 때문이다. 즉, 자백은 정죄당한 자의 몸 안에 그리고 몸 위에 진리를 새겨 넣는다(*DP*, pp. 37, 38, 39-40, 41). 이는 공적 수단은 물론 종교 의식적 수단을 통해서도 이루어졌다(*DP*, p. 43). 자백은 정죄당한 자가 자신이 받은 판결에 동의함을 의미했으며, 이는 그의 처벌을 정당화했다. 그러나 그런 '진리 생산'의 목적은 무엇인가? 통치자의 권력을 공고하게 다지는 것이다(*DP*, pp. 47-49, 50). 그래서 푸코는 진리는 항상 권력의 작용이며 그 역도 마찬가지라는 결론을 내렸다. "진리-권력 관계는 모든 형벌 메커니즘의 핵심으로 남아 있"으며, 이것이 바로 **"현대의 형벌 집행에서 여전히 발견할 수 있는"** 것이다(*DP*, p. 55). 푸코의 역사적 분석의 핵심에는 실제로 현재의 계보학이 있다.

처벌 방식은 바뀌었다. 다미앵이 고문을 받고 처형당한 지 80년이 지난 후, 형벌의 모델은 더 이상 고문대가 아니라 세세한 규칙과 일정을 동반한 훈육 체제(regimen)가 되었다(*DP*, pp. 6-7을 보라). 푸코에 따르면, 변화는 (흔히 생각하는 것처럼) 더 인도적으로 되려는 욕망에서 비롯된 일이 아니라, 오히려 고문을 공적으로 전시하는 데 따르는 정치적(심지어 혁명적) 문제에 대처하기 위한 수단이었다. 고문을 전시하는 일은 의도했던 것과 정반대의 결과를 일으켰다. 고문하는 광경은 왕에게 새로이 충성하려는 마음을 강요하기보다는 사람들이 범죄자와 동질감을 갖게 하는 경향을 낳았다. 그래서 처벌은 점점 덜 폭력적이고 더 비밀스러워졌다. "형벌 정의의 새로운 시대"가 시작되었다(DP, p. 7). 그러나 이러한 전환은 사회적 비용을 낳았다. "범죄는 폭력성을 잃은 듯했고 처벌도 그에 맞게 강도가 줄었지만, **더 큰 개입이라는 대가가 따랐다**"(DP, p. 75, 강조를 추가함). 새로운 경제 구조에 기초해(폭력보다는 재산에 초점을 맞추어) 범죄 행위도 다르게 구성되었다. 이는 특정한 "계급 정의"를 만들어 냈다(DP, p. 75). 그러나 푸코의 관심사는, 이 범죄 행위 규정이 변화함에 따라 통제와 예방과 "더 엄격한 감시 방법"을 새로이 강조하게 되었다는 사실이다(DP, p. 77).

형벌 개혁은 정말로 태도의 변화, 즉 새로운 '인본주의'의 결과인가? 푸코는 미심쩍어 한다(DP, p. 78을 보라). "그것은 더 확실하게, 더 즉각적으로 개인의 일상생활을 구성하는 권력의 메커니즘을 조정하려는 노력이었다. 일상 행동, 정체성, 활동, 겉보기에 중요하지 않은 몸짓까지 책임지고 감시하는 기계에 대한 적응이었다"(DP, p. 77). 이런 감시는 사회 자체와 동의어가 되어 '사회체(social body)에 대한 정밀한 형벌 지도 제작'을 수반한다. 그 결과—이것이 결정적이다―는 "처벌과 범죄 억제를 **사회와 동일한 시간과 공간에 존재하는** 일상적 기능으로 만드는 것"이다(*DP*, p. 82). 푸코는 이를 처벌의 일반화―통제 메커니즘이 사회 자체로 확장되는 것―라고 말하며, 『감시와 처벌』의 나머지 장에서 이 훈육이 전파되고 확산되는 과정을 추적한다.

   분석 과정을 통해 푸코는 그가 "훈육 사회"―이 사회의 주된 목표는 개인을 창조하는 것이다―라 부르는 것의 형성을 기록하는데, 이 사회는 "[그가] '훈육'이라고 부르는 이 특정한 권력 기술에 의해 제작된 현실"이다(*DP*, p. 194). 그래서 훈육 사회와 그 사회 안에 있는 제도들의 목표는 권력의 메커니즘을 통해 개인을 형성하는 것이다. 사회는 그 사회의 이미지에 따라 개인을 만들고, 그렇게 제조할 때 쓰는 도구는 권력을 통한 훈육이다. 여기서 푸코는 중요한 단서를 덧붙인다. "우리는 권력의 효과를, 권력은 '배제한다', 권력은 '억압한다', 권력은 '검열한다', 권력은 '빼낸다', 권력은 '위장한다', 권력은 '숨긴다' 같은 부정적 용어로만 묘사하는 일을 완전히 멈춰야 한다. 사실, 권력은 생산한다. 권력은 현실을 생산한다"(*DP*, p. 194). 푸코는 기술적으로 분석하면서, 권력을 긍정적으로 혹은 부정적으로 평가하려는 어떤 시도도 하지 않는다. 하지만 적어도 권력의 효과를 부정적으로 기술하는 것을 금한다. 푸코에게 권력은 사회에 필요하며 사회를 구성한다―그리고 이것은 『감시와 처벌』에서 제시하는 사회 이론의 핵심에 가깝다. 변화하는 것은 권력의 메커니즘과 기술뿐이다. 근본적으로 권력관계로 특징지어지지 않는 사회는 존재하지 않을 것이다.

훈육된 사회에 대한 사례 연구로, 푸코는 중세 도시에서 질병에 대응하는 방식과 초기 근대 도시에서 전염병에 대응하는 방식이 어떻게 다른지 비교해 보기를 요청한다. 훈육 사회의 '정치적 꿈'은 사실 전염병이 유행하는 도시가 역사적으로 조직된 것을 보면 알 수 있다. 왜 그런가? 끊임없이 감시받고 등록('응시')을 당하는 개인들로 이루어진 규제된, 훈육된 조직의 전형적 사례가 전염병이 유행하는 도시이기 때문이다. 바로 이것이 "훈육 메커니즘의 압축적 모형"이다(*DP*, p. 197). 중세에 나환자를 처리하는 과정에서는 배제하고 격리하는 절차가 생겼는데, "[근대의] 전염병은 훈육 프로젝트를 낳았다"(*DP*, p. 198). "첫째가 순수한 공동체라면, 둘째는 훈육된 사회다. 인간에게 권력을 행사하는, 인간관계를 통제하는, 인간들이 위험하게 뒤섞이는 것을 막는 두 가지 방법이다. 전염병이 유행하는 도시는 … 완벽하게 통치되는 도시의 이상향이다"(*DP*, p. 198). 여기서 권력의 본성에 대한 푸코의 개념이 표면에 나타난다는 데 주목하자. 두 가지 다른 방식(배제, 훈육)은 그것들이 권력의 표현인 한, 타자에게 행사하는 권력을 항상 포함한다. 권력은 항상 어떤 형태의 통제다. 그런데 권력을 다르게 이해할 수는 없는가? 나중에 이 질문으로 다시 돌아올 것이다.

(새로운 권력의 방식인) 훈육을 중심으로 사회를 조직하는 것은 건물보다 더 많은 것과 관련된 '건축술'에서 절정에 이른다. 즉, 사회 자체를 조직하는 건축술은 '시선'을 일반화한다. 그 건축술의 이상

은 벤담이 교도소 모델로 구상한 파놉티콘이다. "파놉티콘을 꿈의 건물로 이해하면 안 된다. 그것은 이상적 형태로 축소된 권력 메커니즘의 도해다. 모든 방해, 저항, 마찰에서 벗어난 그 기능은 순수한 건축술과 광학의 체계로 표현되어야 한다. 그것은 실제로 어떤 특정 용도로부터 분리될 수 있으며 분리되어야 하는 정치적 기술의 한 모습이다"(*DP*, p. 205). 그렇기 때문에 벤담의 감옥에서든 래치드 간호사의 정신병동에서든, "과제나 특정 형태의 행동이 부과되어야 하는 다수의 개인[즉, 사회]을 다룰 때마다 파놉티콘 도식을 사용할 수 있다"(*DP*, p. 205). 따라서 파놉티콘은, 보지 않고도 볼 수 있는 비대칭적 감시가 일반화된 방식인 파놉티시즘을 낳는다.[17] "파놉티콘 도식은 … 전체 사회체로 확산될 운명이었다. 그 소명은 일반화된 기능이 되는 것이었다"(*DP*, p. 207). 그래서 파놉티콘은 단지 감옥의 건축적 이상이 아니라, 훈육 사회의 유토피아적 꿈, 즉 "일반화할 수 있는 기능 방식, 사람의 일상생활에서 권력관계를 정의하는 방법이다"(*DP*, p. 205). 파놉티시즘은 사회체 전체에 걸쳐 훈육의 일반화를 완수한다.

그러므로 "우리 사회는 구경하는 사회가 아니라 감시하는 사회

---

17 파놉티콘의 가장 중요한 측면 중 하나는 이 비대칭성으로, '대상자'는 보이지만 관찰자는 보이지 않는다. 대상자는 "보이지만, 보지는 못한다"(*DP*, p. 200). 이렇게 관찰자가 보이지 않는다는 것은 관찰자가 항상 관찰할 필요가 없다는 의미이기도 하다. "중요한 것은 그가 자신이 관찰되고 있음을 안다는 것", 즉 언제라도 관찰 대상이 될 수 있다는 것이다(*DP*, p, 201). 메트레이의 감방 벽에 쓰인 "신이 당신을 본다"라는 글귀를 참조하라. 파놉티콘은 전지한 신성(혹은 산타!)을 대신한다.

다"(*DP*, p. 217). 즉, 사회 자체를 구성하는 훈육의 일반화는 '유순하고' '유용한' 주체—국가, 자본주의 등의—를 만들기 위해 관찰과 기록을 사회의 씨줄과 날줄로 엮어 낸다(*DP*, pp. 216-217, 220-221). 훈육 사회는 개인을 사회가 원하는 모습으로, 즉 국가에 순종하는 유순하고 생산적인 소비자로 만든다. 래치드 간호사의 손안에 있는 맥머피처럼 우리는 재설계와 수리가 필요한 '프로젝트'다. 우리 모두는 정신병동에 입소한 환자처럼, 사회 전반에 퍼져 있는 감시와 훈육의 구조에 의해 감독과 통제를 받고 감시와 지배를 당한다.

『감시와 처벌』의 마지막 부분에서는 책의 분석과 논증에서 매우 중요한 전환이 일어난다. 어떤 의미에서 우리는 여기서 다시 감옥으로 돌아오는데, 3부의 주된 초점은 감옥이 아니라 사회 전체이기 때문이다. 다시 말해, 3부에서는 훈육 사회의 발전을 추적한다. 4부에서 푸코는 근대 교도소가 훈육 사회의 산물이지, 훈육 사회가 형벌 관행을 반영하는 것이 아니라고 말한다. 따라서 우리가 근대 교도소를 볼 때, 우리는 이를테면 거울에 비친 우리 사회의 모습을 보는 것처럼 우리 자신을 바라보고 있는 것이다. 근대 감옥은 이미 사회체 전반에 걸쳐 이루어지고 있는 훈육의 일반화를 체계적으로 정리하여 배치할 뿐이다. 감옥이 사회의 모델이 된 게 아니라, 사회의 훈육 메커니즘이 "법 제도를 식민지로 만들었다"(*DP*, p. 231). 푸코가 하는 일이 감옥의 탄생을 기록하는 것이라면, 감옥은 이미 자리 잡은 훈육 사회라는 모체에서 나온 것이다. "개인을 변형하는 기구"로서 교도소는 군대, 학교, 병원, 공장 등 "사회체에서 발견되는 모든 메커니즘을 조금 더 강조하여 재생산할 뿐이다"(*DP*, p. 233).[18] 그가 말한 대로, "감옥은 다른 곳에서 왔다"(*DP*, p. 256). 그리고 뒤에서 그가 결론짓기를, 감옥은 "계속된다. 거기 맡겨진 사람에게도 그렇다. 작업은 다른 곳에서 시작했다. 전체 사회는 훈육의 무수한 메커니즘을 통해 개인을 추적한다"(*DP*, pp. 302-303). 사회가 감옥을 모방하게 된 게 아니라, 오히려 감옥이 사회 자체의 특징을 응축한 축소판이다. 근대 사회의 훈육은 어디에나 있다.[19]

이 상태는 격리, 강제 노동, 처치라는 세 가지 특정한 지배 형태(regimen)로 분석된다. 격리는 범죄자를 자신과 대면하게 하는 것으로, 도덕적 훈육이다. 노동은 생산 기계의 요구에 맞춰 개조되는, 자본주의 사회에 적합한 노동 주체(프롤레타리아트)를 만들어 내는 데(*DP*, p. 242), 이는 경제적 훈육이다. 처치 혹은 개조는 비정상적 개인을 정상적 개인으로 변화시켜 그의 비정상을 '치료'하는 수단, 즉 일종의 의학적 훈육이다.[20] 따라서 근대 교도소는 단순히 구금하거나 자유를 박탈하는 것 이상의 의미를 지닌다. 이런 훈육들은 구금에 필요한 '보충물'이다(*DP*, p. 248). 이것들은 사회의 구조와 훈육을 범죄자의 몸에 새겨 넣는다. 이로 인해 비행자(delinquent)는 더 이상 범죄자나 괴물이 아니라 "비정상"으로서 개조 대상이 된다(*DP*, pp. 251-252). 교도소가 비행자—비정상인—를 위한 곳이라면,

---

18   푸코는 이 다른 사회 제도를 특히 "순종적 신체"(III.1)라는 제목을 붙인 장에서 분석한다.

19   영화 〈브라질〉에서 이를 강렬하게 묘사했다.

20   〈뻐꾸기 둥지 위로 날아간 새〉에서 이 모든 게 작동하는 것을 볼 수 있다.

그것은 그보다 더 넓은 사회에서 무엇이 정상인지 결정했기 때문이다. 사실, 이는 〈뻐꾸기 둥지 위로 날아간 새〉 속 병동에서 운영하는 '치료 집단'의 이론과 거의 정확히 일치한다. 추장은 이 이론을 이렇게 설명한다. "정상 사회에서 기능하기 위해서는 집단에서 어울리는 법을 배워야 해. 집단이 그의 어긋난 부분을 보여 줌으로써 도움이 되는 방식을 배우고, 왜 사회가 누가 제정신이고 누가 아닌지를 결정하지를 배워서, 그 기준에 맞춰야 해."[21]

푸코가 근대 형벌의 실행뿐만 아니라 근대 사회 전체에서 작동한다고 보는 것의 핵심에 있는 것이 비행자 만들기다. 훈육하는 권력은 정상화를 목적으로 삼는다. 사실, 해당 장의(그리고 책의) 결론에서 우리는 『감시와 처벌』에서 하려는 바가 무엇인지 알 수 있다. 이 책의 의도는 "근대 사회의 정상화와 지식 형성에 대한 다양한 연구의 역사적 배경을 제공"하는 것이다(DP, p. 308). 따라서 감옥은 단지 "정상화라는 권력을 행사하는"(DP, p. 308) 경향이 있는 많은(모든?) 근대 제도 중 하나일 뿐이다. 이 권력은 무엇인가? 어떻게 우리는 이런 결론에 도달하는가?

메트래에 있는 역사적인 감화원은 "수도원, 감옥, 학교, 군대"가 지닌 모든 훈육성을 통합한 이 '교도소' 이상향의 정점을 나타낸다(DP, p. 293; 참조. III.1). 그곳은 파놉티콘의 이상향이 지닌 요소를 모두 갖추었는데, 관찰자조차도 "권력관계의 기예를 배울" 때는 훈육

---

21   Kesey, *One Flew over the Cuckoo's Nest*, p. 47. 이 모든 것은 "민주주의"라는 기치 아래 있다(같은 곳).

의 대상이 될 정도였다(*DP*, p. 295). "정상화 권력을 정상화하는 데서, 개인에게 권력-지식을 배치하는 데서, 메트래와 그 안에 있는 학교는 새 시대를 열었다"(*DP*, p. 296). 이 새 시대는 교도소 집단이 사회 자체로 확대되는 일을 포함했다. "교도소 군도는 이 기술을 형벌 기관에서 전체 사회체로 이동시켰다"(*DP*, p. 298). 이로 인해 실제로 "가장 작은 부정"과 "가장 큰 범죄"의 모든 질적 구분이 사라졌는데, 둘 다 이 등록부상에서는 "규범에서 벗어난 것"으로 간주했기 때문이다(*DP*, p. 299). 통치자나 사회 계약의 적이 된다기보다 "사회의 적은 일탈자로 바뀌었다"(*DP*, p. 299). 따라서 훈육과 정상화는 요람에서 무덤까지 필요했다(*DP*, p. 300). 결국, 이 교도소 네트워크 바깥에 있는 것은 아무것도 없다. "바깥은 없다"(*DP*, p. 301). 푸코가 관찰하기에, "감금이 편재하는 이 파놉티콘 사회에서 비행자는 법 바깥에 있지 않다['법 없는 자는 없다]. 그는 처음부터 법 안에, 법의 중심에, 또는 적어도 개인을 훈육에서 법으로, 일탈에서 범죄로 은밀하게 이동시키는 메커니즘의 한가운데에 있다"(*DP*, p. 301). 실제로 푸코는 일탈자가 사회의 산물이라고 말하는 것 같다.

교도소 집단의 확장은 사회와 교도소의 분리가 아니라 오히려 새로운 법, 규범에 기초해 작동하는 "교도소의 연속체"(*DP*, p. 303)가 사회의 특징이 됨을 의미한다. 따라서 정상화 권력이 확산된다. "그것은 훈육 메커니즘의 편재와 더불어 태어나, 모든 교도소 기구를 기반으로 우리 사회의 주요 기능 가운데 하나가 되었다. 정상성을 판단하는 자들은 어디에나 존재한다"(*DP*, p. 304). 그래서 감옥에 관한 질문에서 중요한 정치적 쟁점은 감옥이 교정 기관인지 아닌지에 관한 것이 아니다. "오히려 문제는 이 정상화 메커니즘 사용의 가파른 증가에, 그리고 새로운 훈육의 확산을 통해 정상화 메커니즘이 가져오는 광범위한 권력에 있다"(*DP*, p. 306). 바로 이 정상화하는 권력이 푸코의 관심 대상이다.

진짜 푸코 씨는 일어나 주시겠습니까?

지금까지 권력이 지식이 되는 방식을, 더 명확하게는 사회와 사회 제도에서 권력의 필요성과 편재적 역할을 구체적으로 보여 주려는 푸코의 사례 연구를 요약해 보았다. 하지만 다음 질문은 이것이다. 이 분석을 가지고 우리는 무엇을 해야 하는가? 푸코는 왜 이런 그림을 그렸는가? 그는 우리가 이로부터 어떤 결론을 내리기 원하는가? 푸코는 우리에게 무엇을 설득하려고 했는가? 푸코는 근대 훈육 사회의 발전을 강렬하게 기술한 후, 우리가 이것을 가지고 무엇을 하기를 원하는가? 이것은 단순히 사태를 중립적·객관적으로 기술하려는 것이었는가? 앞서 보았듯, 이런 개념은 푸코 자신의 계보학 개념과 맞지 않는다. 그렇다면 이러한 기술(description) 이면에 숨겨진 처방(prescription)이 있는가? 혹은 달리 말해, 푸코는 근대 사회에서 무엇이 **잘못되었는지** 보여 주기 위해 이 복잡한 그림을 그렸는가? 그의 작업은 항의, 즉 그런 억압 구조에서 해방되어야 한다는 요청인가?

여기서 우리는 푸코 연구자가 아닌 사람뿐만 아니라 푸코 연구자도 해석하기 어려운 문제에 부딪힌다. 진짜 미셸 푸코는 누구인가?[22] 푸코는 근대인, 궁극적으로는 개인의 자율성과 자유에 헌신한 계몽주의 사상가인가? 권력 남용과 억압적 사회 구조에 항의하는 마르크스주의자인가? 개인의 자유와 자율성을 제한하는 모든 것을 비난하는 은밀한 고전적 자유주의자인가? 이러한 질문은 또다른 질문을 불러온다. 푸코가 포스트모던 사상가라면, 포스트모더니즘은 얼마나 근대적인가? (그리고 나중에 우리는 그리스도인이 자유라는 계몽주의 프로젝트를 얼마나 전유할 수 있을지에 관한 또 다른 일군의 질문을 마주하게 된다.) 이러한 질문에 비추어 푸코를 읽을 수 있는 두 가지 기본 방식이 있다.

1. **니체주의자 푸코**. 이런 읽기에 따르면, 푸코의 분석은 어떤 도덕적 입장을 전달하려는 의도가 아니다. 다시 말해, 니체주의자 푸코는 권력이 나쁘기 때문에 없애야 한다는 것을 보여 주려고 권력에 대한 이런 그림을 그리는 게 아니다. 푸코가 니체주의자라면, 그의 프로젝트는 순전히 기술일 뿐 어떤 종류의 처방도 담고 있지 않다. 그는 단지 사태를 있는 그대로 보여 줄 뿐 사태가 어떠해야 한다는 것을 보여 주지는 않는다. 권력을 나쁘다고 말하거나 한

---

22 데이비드 메이시(David Macey)가 쓴 획기적인 전기에 『미셸 푸코의 삶들』(*The Lives of Michel Foucault*)이라는, 복수형을 활용한 제목이 붙은 것은 우연이 아니다.

사회의 조직이 다른 조직보다 낫다고 말하기 시작하면 이는 가치 체계를 언급하는 것이다. 그러나 니체에 대한 푸코의 설명에서 알 수 있듯, 니체에게 그 모든 가치는 권력으로 환원될 뿐이다.[23] 푸코 자신이 고백한 니체주의 외에도 이런 읽기를 뒷받침하는 다른 증거를 댈 수 있다. 분명 푸코는 권력이 나쁘다고 생각하지 않았다. 바이런 경(Lord Byron)과 달리, 푸코는 권력이 반드시 부패한다고 생각하지는 않았다. 이미 보았듯, 푸코의 생각은 우리가 권력을 억압과 배제처럼 부정적 측면에서 이야기하기를 멈추고 생산이라는 측면에서 긍정적으로 생각해야 한다는 것이다. 니체주의자 푸코라면 세상을 바꾸기보다는 기술하려, 어쩌면 심지어 찬양하려 할 것이다.

2. **자유주의자 혹은 계몽주의자 푸코.** 마르크스는, 철학자는 대개 세계를 해석할 뿐이지만 중요한 것은 세계를 바꾸는 것이라는 유명한 말을 남겼다. 푸코를 읽는 또 다른 방법은 푸코의 작업이 칸트와 마르크스를 모두 포함하는 광범위한 근대 혹은 계몽주의 전통에서 이루어졌다고 보는 것이다. 실제로 푸코 자신도 나중에 자신을, 칸트에서 시작해 마르크스를 거쳐 위르겐 하버마스 등 프랑크푸르트학파에 이르는 비판 이론의 전통 안에서 작업한 일종의 계몽주의 사상가로 여긴다고 인정했다.[24] 이 경우 푸코를 읽는 방법

23   Foucault, "Nietzsche, Genealogy, History"를 보라.

24   푸코는 *The Politics of Truth*, ed. Sylvère Lotringer (New York: Semiotext[e],

은, 그가 우리에게 상황을 바꾸도록 동기를 부여하기 위해 통제와 지배에 대한 불안한 그림을 제시하고 있다고 보는 것이다. 푸코를 이렇게 읽는(나는 이게 더 낫다고 생각한다) 근거는 두 가지다. 한편으로, 푸코가 프랑스의 감옥 개혁 운동에 활동가로 참여한 것과 같은 외적 증거가 있다. 다른 한편으로, 『감시와 처벌』의 언어 자체가 이미 현재 상황에 대한 부정적 평가를 전달하면서 개혁과 혁명을 요청하는 것처럼 보인다. 그가 권력관계의 특별한 구성을 지배의 네트워크로 기술할 때, 그러한 기술은 이미 평가를 수반하는 것처럼 보인다. 비판 이론에는 기준이 필요하다. 사실, 사태에 대한 중립적 기술이라는 개념 자체가 푸코의 사상의 핵심에 반하는 것이다(이미 보았듯 데리다의 사상도 마찬가지다).

이 점에서 확실히 모호한 면이 있지만, 푸코를 가장 잘 읽는 것은 그를 일종의 은밀한 계몽주의 사상가로 읽는 것이다. 실제로 푸코는 후기 작품에서 바로 이 점을 '드러낸다.'[25] 게다가 이것이 분명 푸코가 **사용되어** 온 방식이다. 근대 문화에서 계속되는 통제와 지배의 흔적에 저항하기 위해 다양한 유형의 정치적 좌파에서 그를 저항하는 사상가로 끌어들였다. 그렇게 푸코는 개인에 대한 모든 형태의 통제에 저항하는 다양한 운동 — 동성애자의 권리에서 교육 개혁에 이르기까지 — 에서 채택을 받았다.

1997)에 모아 놓은 강연과 인터뷰에서 이를 아주 분명히 말한다.

25 특히 *The Politics of Truth*에 모아 놓은 강연을 보라.

푸코가 일종의 은밀한 계몽주의적 자유주의자라면, 이는 무엇을 의미하는가? 우선, 여기서 '자유주의자'(liberal)가 무엇을 의미하는지 명확히 해야 한다. 여기서 말하는 자유주의자는 고전적인 정치적 자유주의자로, 그는 주권을 가진 자율적 행위 주체로서의 개인을 우선시한다—자기 영역의 주인으로, 외부에서 오는 모든 형태의 통제에 저항하는 존재다. 자유주의의 표어는 자유다. 자유로운 행위자는 왕이나 전통이나 종교나 제도의 통제를 받아서는 안 된다. 그래서 자유주의자의 구호는 다양한 유형의 "손 떼! 내 생각을 통제하려 하지 마. 내 믿음을 통제하려 하지 마. 내가 하는 일을 통제하려 하지 마"다.[26] 믿음이나 행동을 통제하려는 모든 제도는 본질적으로 지배적이고 억압적이다. 그리고 제도는 바로 이런 이유로 확립되는 경향이 있기 때문에, 제도 자체가 지배의 구조라는 인식이 깊게 자리해 있다. 따라서 이런 의미에서 자유주의는 철저한 반(反)제도주의다. 과격파가 되는 것에 대해 좌파가—그가 정치인이든 영화 제작자든—말할 때, 이는 자유에 대한 이 계몽주의적 개념을 과격하게 밀어붙이는 것이다. 따라서 자유주의에는 통제와 훈육을 멀리하는 자유지상주의적 성향이 짙게 나타나 있다. 계몽

---

26 자유주의자라는 용어는 미국 정치의 어법에 제한된 의미로 사용했다. 그러나 내가 여기서 설명하는 정치적 자유주의 전통에서 보자면 민주당과 공화당 모두 자유주의임을 인식하는 게 중요하다. 다만 "손 떼!"라고 말하는 입장이 서로 달리 적용될 뿐이다. 민주당에서는 "내 몸에서 손 떼. 나는 내가 원하는 대로 할 수 있어"라고 더 주장할 것이며, 공화당에서는 "내 돈에서 세금을 징수하려는 그 더러운 손 떼! 내 돈은 내가 원하는 대로 할 수 있는 거야"라고 더 주장할 것이다. 자유주의라는 연속선상에 있는 두 지점인 셈이다.

주의의 목표는 바로 해방이며, 이것이 칸트와 마르크스가 계몽주의 사상가인 이유다. 그리고 푸코의 작업이 그러한 충동을 불러일으키는 한, 그의 기술에서 자유지상주의적 성향을 발견하기란 어렵지 않다.

복합체와 수간호사의 계속되는 억압 앞에서 맥머피의 편을 들지 않기가 어려운 것처럼, 훈육하고 형성하는 제도에 대한 푸코의 의심에 공감하지 않기도 어렵다. 그러나 나는 그리스도인들이 맥머피나 푸코의 편을 들려는 유혹을 뿌리쳐야 한다고 주장한다(그렇다고 래치드 간호사나 메트래의 편을 들어서도 안 된다). 다른 한편, 푸코는 훈육의 본질에 대한, 또한 개인 형성에서 훈육이 하는 역할에 대한 중요한 통찰을 제공한다. 따라서 내가 푸코에게 관여하는 일은 내가 제기하는 비판과 마찬가지로 복잡하다. 중요한 점은, 훈육의 메커니즘이 개인을 형성하는 방식에 대한 푸코의 분석은 절대적으로 옳지만, 그 모든 훈육과 형성을 부정적으로 보는 것은 잘못되었다는 것이다. 다시 말해, 그리스도인은 훈육을 긍정적으로 이해해야 하는데, 앞서 설명한 의미의 고전적 자유주의자가 되어서는 안 되기 때문이다. 그리스도인은 모든 형태의 통제에 저항한다는 자율적 행위자 개념을 피해야 한다. 우리는 자유주의적 계몽주의에 대한 푸코의 헌신을 거부하면서도, 형성에서 훈육의 역할에 대한 푸코의 분석을 적절히 활용함으로써 푸코의 프로젝트를 거의 뒤집어 놓을 수 있다.

권력은 전부 나쁜가?

지금까지 푸코가 일종의 은밀한 자유주의자이며 따라서 지극히 근대적이라고 주장해 왔다면, 복음주의(특히 미국) 그리스도교의 근대성과 자율적 자아에 대한 계몽주의적 개념을 복음주의 그리스도교에서 전유하는 것도 똑같이 비판해야 한다. 실제로 신학적 자유주의 개념에 움찔하는 정통적 그리스도인 상당수가 자신도 모르게 자유주의자가 핵심으로 삼는 자유 및 자율성 개념을 수용했다. 위계질서와 통제를 싫어하는 현대 복음주의는 자율성을, 즉 큰 수준에서는 비교파적 교회의 자율성을, 작은 수준에서는 그리스도인 개개인의 자율성을 중시한다. 이머징 교회는 적어도 이 점에서는 크게 다르지 않은 것 같다. 실제로 이머징 영성의 일부 요소는 이러한 자율성 긍정 및 제도에 대한 자유방임적 태도를 강화한 것이다.[27] 우리 교회를 어떻게 운영할지를 교단에서 이야기하는 것도 원하지 않고, 우리 삶을 어떻게 영위할지를 교회에서 이야기하는 것도 원하지 않는다. 이 기관 중 어느 하나가 통제함으로써―훈육은 말할 것도 없고―우리의 자율 영역을 위협한다면 배에서 내려 버린다. 교회는 교단에서 분리되어 독립된 회중을 이루고, 개인은 이 교

---

27 예를 들어, 나는 스펜서 버크의 교회 비판에 공감하긴 하지만 그의 비판이 자유주의적 자율성에 대한 이 경향의 일부를 흡수한 것은 아닌지 걱정된다. Spencer Burke, "From the Third Floor to the Garage," in *Stories of Emergence: Moving from Absolute to Authentic* (Grand Rapids: Zondervan, 2003), pp. 27-39를 보라. 여기서 제시되는 내용이, 추장이 병원에서 광야의 '자유'로 탈출한 것의 영적 유형은 아닌지 걱정된다.

회를 떠나 저 교회로 옮긴다. 그래서 우리는 추장과 맥머피의 경험을 보면서, 제도와 제도의 통제에 대한 우리의(미국인의) 자유주의적 의심 때문에, 이 반제도적 인물들을—(비록 우리가 '법과 질서'라는 면에서 말하더라도) 자유의 이름으로—우리와 동일시한다.[28]

그러나 긍정적 자유와 권한 부여라는 진정한 성경적 개념을 일종의 불간섭주의적 입장인 부정적 자유라는 자유주의적 계몽주의 개념과 구별하는 것이 중요하다. 더 단호하게 말하자면, 자유는 현대 교회의 우상이며, 우리는 우리 자신을 포기할 때만 푸코의 자유주의에 제대로 저항할 수 있다.

다음과 같이 초기 반응을 예상해 보자. 왜 그리스도인이 자유주의적 자유 개념에 저항해야 하는가? 어떻게 자유에 반대할 수 있는가? 지배를 옹호하는 것인가? 자유주의적 자유 개념에 반대한다는 것은 통제와 지배에 **찬성한다는** 뜻인가?

음, 그렇다. 그러나 내가 보기에 이것이 파시즘의 부활이 아닌 이유를 설명하기 위해, 푸코의 권력 개념으로 돌아가 보자. 푸코가 기술한 대로, 사회 제도와 사회관계는 필연적으로 권력관계를 기반

---

28 그렇긴 하지만, 비교파적 교회가 생기는 복잡한 상황도 존중해야 한다. 너무 정적이고 근대적으로 변하여 공교회 전통과 연결되지 않고 오히려 제도적으로 굳어진 근대주의적 기관이 된 교파가 있으며, 의심할 여지 없이 몇몇 교회는 그런 교파에서 벗어났다. 모든 교파가 위대한 공교회 전통과의 연결을 나타내지는 않으며, 이는 근대에 등장한 반(反)신조적 개신교 교파에서 특히 그렇다. 이에 비해 비교파적 공동체는 실제로 더 공교회적이게 될 기회를 제공할 수 있다. 하지만 비교파적 교회는 공교회 전통의 규범성과 어떻게 연결될지 고심해야 한다. 이 문제의 복잡성을 생각하는 데 도움을 준 브라이언 맥클라렌에게 감사를 전한다.

으로 구성되며, 권력은 어디에나 있다. 더욱이, 권력은 타인에 대한 권력, 즉 일종의 지배로 이해된다(물론 이것이 단순히 가진 자와 가지 못한 자, 권력이 있는 자와 없는 자를 나누는 것은 아니지만 말이다).[29] 이 권력은 훈육의 메커니즘—다양한 실천과 체제—을 통해 전달되며, 이 메커니즘은 개인을 사회가 원하는 바—좋은 노동자와 소비자—에 부합하게 만든다. 푸코는 이를 부정적으로 생각해서는 안 된다고 경고하지만, 그의 작업이 주는 압도적인 인상은 이 상황이 억압하고 억압당하는 상황이라는 것이다.

그러나 권력에 대한 이 부정적 시각을 받아들여야 하는가? 권력은 전부 나쁜가? 구체적으로 말해, 그리스도인은 권력과 훈육이 본질적으로 악하다는 가치 평가에 동조해야 하는가? 제자—그 아들의 형상을 본받게 하기 위하여 부름받아 미리 정해진 자들(롬 8:29)—라고 주장하는 우리가 훈육과 형성에 반대할 수 있는가? 생명의 주님께 복종하도록 부름받은 우리가 자율적 자아라는 자유주의적 계몽주의 개념에 정말 동의할 수 있는가? 우리는 무엇보다 우리의 주님(Domine)께 복종하고 그분의 형상을 닮도록 부름받지 않았는가? 물론 우리는 "이 세상"(롬 12:2)의 풍조나 이전에 우리가 지녔던 악한 욕망(벧전 1:14)을 따르지 않도록 부름받지만, 그것은 단지 따르지 않는 게 아니라 그리스도 안에서 대항 형성을 통해 대안적으

---

29 푸코가 자신을 마르크스주의자로 묘사하는 데 반대하는 경향이 있는 것은 이 때문이다. 푸코는 사회에서의 권력에 대한 마르크스의 개념이 너무 단순하다고, 가진 자와 가지지 못한 자의 구조로 환원된다고 생각한다. 푸코가 보기에는 억압하는 자도 권력의 결과물이다. 래치드 간호사가 병원 체계의 결과물, 복합체의 산물인 것처럼 말이다.

로 따르도록 부름받는 것, 즉 그분의 형상을 따르는 방향으로 변화하고 갱신되도록 부름받는 것이다. 부정적 자유라는 자유주의적 계몽주의 개념을 전유하고 훈육에 대한 비순응적 저항(따라서 고전적인 영적 훈육에 대한 저항)에 참여함으로써,[30] 그리스도인은 실제로 (롬 12:2에서 가르치는 바와 반대로) 이 세상의 풍조에 순응하게 된다.

통제와 훈육에 저항하는 자율적 행위자라는 자유주의적 개념을 거부하면, 훈육의 메커니즘에 대한 푸코의 분석은 매우 다른 양상을 띠게 된다. 분명 푸코는 근대 사회가 종교적 훈육과 의례를 이어받아 일반화하고 변형시켰다고 말하는 것 같다. 따라서 그는 근대의 공장이 중세 수도원과 닮았고(*DP*, p. 149), 근대 감옥은 초기 수녀원의 흔적을 지니고 있으며(*DP*, p. 243), 훈육 사회의 일반적 구조는 수도원 공동체를 모방하고 있다고 말한다. 그리고 훈육 사회의 감옥과 공장이 억압하고 지배하는 것으로 간주되는 한, 그 혐의는 이 초기의 종교적 훈육 공동체로 거슬러 올라간다.

이런 비판에 어떻게 응답할 수 있는가? 물론 이는 한편으로 푸코의 자유주의에서, 즉 지배와 통제에 대한 그의 반대에서 나왔을 뿐이다. 자율적 자아라는 개념을 받아들이지 않는 한 그런 비판은 무너진다. 그러나 다른 한편으로 더 중요하게도, 푸코의 비판은 중대한 주장을 제기한다. 형식적으로나 구조적으로 보면 수녀원과 감옥

---

30 영적 훈육이라는 개념은 많은 복음주의자에게 여전히 낯설고 심지어 혐오스럽다. 하지만 변화의 조짐이 있는데, 대체로는 리처드 포스터(Richard J. Foster)의 고전인 *Celebration of Discipline: The Path to Spiritual Growth* (San Francisco: Harper & Row, 1978)가 그런 흐름을 낳았다.

모두에서, 공장과 수도원 모두에서 훈육의 메커니즘이 작동하지만, 더 구체적으로 보면 이런 훈육과 실천은 서로 매우 다른 목표를 지향한다는 것이다. 여기서 우리는 중요한 구분을 해야 한다. 우리는 **텔로스**, 즉 목표 혹은 목적에 따라 좋은 훈육과 나쁜 훈육을 구별할 수 있다. 그래서 우리를 그리스도의 제자로 형성하는 훈육과 현대 문화에서 우리를 소비자로 양산하는 훈육의 차이는 바로 훈육이 지향하는 목표에 있다. 훈육과 형성은 인간에게 적합한 목적, 즉 텔로스―하나님을 영화롭게 하고 영원토록 그분을 즐거워하는 것(웨스트민스터 요리문답 1문)―를 향해 있는 한 좋은 것이다. 달리 말하면, 훈육이 하나님의 형상을 지닌 (새로워진) 존재라는 인류의 제대로 된 목적에 부합할 때 그 훈육의 형태는 제대로 된 것이다. 그래서 그와 다른 형태의 훈육을 통한 형성은, 그 훈육이 인간을 부름받은 모습과는 다른 어떤 것으로 만들려고 하는 한 나쁘고 잘못된 것이다. 거의 보편적으로 이렇게 다른 훈육 양식은 환원주의적이다. 인간을 부름받은 모습보다 못한 존재로 환원하기 때문이다. 어떤 훈육 양식은 우리를 생산과 소비를 주목적으로 삼는 경제적 동물로 환원한다. 다른 훈육 양식은 우리를 본능적 만족을 주목적으로 삼는 성적 동물로 환원한다. 또 다른 훈육 양식은 우리를 파괴를 주목적으로 삼는 폭력적 피조물로 만들려 한다. 이 모든 훈육 구조의 문제점은, 그 구조들이 인간을 어떤 존재로 형성하거나 만들려 한다는 데 있는 게 아니라 그 과정에서 **무엇을** 목표로 하는지에 있다. 따라서 훈육을 통한 형성의 형식적 **구조**와 훈육이 취하는 특정

한 **방향**을 구별하는 것이 좋다.[31]

물론 이전 장에서 배웠듯, 인간 형성의 제대로 된 목적, 즉 텔로스를 구성하는 것은 인간이 무엇이며 어떤 존재로 부름받았는지에 대한 궁극적 이야기에 달려 있다. 그리스도교의 이야기에서는 인간이 창조자를 반영하고 그분 아들의 형상과 같아지는 것을 궁극적 텔로스로 삼는 피조물임을 명시한다. 다른 이야기에서는 분명 인류의 다른 목적을 그리고 있다. 그래서 무엇이 선하거나 제대로 된 형성을 구성하는지는 우리가 세계 및 인간의 조건에 대한 진실을 말한다고 고백하는 특정한 기초 내러티브와 관련하여 결정되어야 한다. 그렇게 우리는 내러티브의 역할을 강조하는 리오타르와 형성의 역할을 강조하는 푸코 사이의 중요한 연결고리를 도출할 수 있다. 즉, 훈육은 특정한 목적을 위한 형성을 목표로 하며, 그 목적은 우리가 기초로 삼는 내러티브에 의해 결정된다.

푸코를 교회로 데려오기

리오타르 및 데리다에게 관여할 때와는 달리, 그리스도인들은 푸코

---

31 푸코를 끌어들여 이 문제를 섬세하고도 훌륭하게 설명한 내용은 Daniel M. Bell Jr., *Liberation Theology after the End of History: The Refusal to Cease Suffering*, Radical Orthodoxy Series (London: Routledge, 2001)를 보라. 『자본주의 경제의 구원』(기독교문서선교회). 나는 *Introducing Radical Orthodoxy: Mapping a Post-secular Theology* (Grand Rapids: Baker, 2004), pp. 243-254에서 이를 더 자세히 논한다.

의 편에 서고 싶은 유혹을 받는다. 많은 근대적 그리스도교에서 자기도 모르게 자율성이라는 계몽주의적 개념을 받아들였기 때문이다. 따라서 포스트모던 교회를 형성하는 작업에 푸코의 분석을 사용하려면 푸코를 거꾸로 세워야 한다. 즉, 우리는 푸코가 기술하는 바를 알아야 하지만 훈육하는 사회에 대한 그의 생각은 거부해야 한다. 그렇게 할 때 푸코는 우리에게 무엇을 주는가? 그는 어떤 식으로 포스트모던 교회에 대해 생각하게 하는 촉매제가 될 수 있는가?

훈육을 통한 형성의 문화적 힘

푸코는 인간을 특정 방식으로 행동하도록—특정 종류의 사람이 되도록—형성하고 만들어 내는 모든 종류의 실천(시간표에 따라 움직이도록 하려고 울리는 종소리부터, 우리가 하는 어떤 일을 멈추게 하고자 부정적 자극을 사용하는 것에 이르는)에 관한 연구를 제공한다는 점을 명심하라. 이것이 작동한다는 사실에서 푸코는 절대적으로 옳다! 우리 사회의 훈육 메커니즘은 **정말로** 인간을 특정 목표를 겨냥하는 특정 종류의 사람으로 만든다. 예를 들어, 많은 미국인은 소비라는 주된 목표로 정의된다. 그들의 정체성을 결정하는 것은 그들의 물질적 소유—브랜드, 사치품, 끝없이 유행을 따르는 일—다. 중상류층 미국인들이 시간과 돈을 소비하는 방식을 보면, 그들의 궁극적 목표는 충실한 소비자가 되는 것이라는 결론을 내릴 수밖에 없다. 그들은 어떻게 그렇게 되었는가? 어떻게 그런 종류의 사람이 되었는가? 간단히 대답하긴 어렵지만, 인간을 이런 소비적 동물로 만드는 몇 가지 훈육의 실천은 쉽게 확인할 수 있다.

첫째, 자본주의의 성공 자체는 시장으로서의 소비문화, 특히 항상 새로운 제품을 원하는 문화에 달려 있다(그렇지 않으면 시장은 빠르게 포화되어 수익을 얻을 가능성이 빠르게 줄어든다). 따라서 우리에게는 소비자 사회를 예견하는 일에 기득권을 가진 문화가—적어도 문화 내에 어떤 계층이—있다. 이 소비자 인구는 어떻게 만들어지는가? 주요 방식 중 하나는 처음부터 마케팅을 목적으로 하는 대중 매체의 등장이었다. 예를 들어, 텔레비전 프로그램은 기본적으로 광고 시청자를 얻기 위해 발명되었다는 것을 이해해야 한다. 따라서 대다수 대중 매체는 결국 소비자가 될 광고의 시청자를 만드는 수단으로 간주된다. 그러므로 마케팅은 사회적, 성적, 심지어 종교적 가치를 지닌 상품에 투자하여 상품을 상품 이상의 무언가로 만든다.[32] 다시 말해, 마케팅은 의미와 초월을 향한 인간의 근본적인 구조적 욕망을 활용하며 이러한 인간의 갈망을 만족시키는 방법인 상품과 서비스를 제공한다. 그리고는 훈육 실천의 도구를 활용해 이러한 가치를 인간의 성품에 주입해 그 가치가 인간의 일부가 되도록 내면화한다. 마케팅은 반복, 이미지, 기타 전략—이 모든 것은 인지

---

32 광고의 종교적 본성을 논한 유용하고도 통찰력 있는 내용은 Charles Colson and Nancy Pearcey, *How Now Shall We Live?* (Wheaton: Tyndale House, 1999), chap. 23 을 보라. 『그리스도인 이제 어떻게 살 것인가?』(요단). 또한 Jean Kilbourne, *Can't Buy My Love* (New York: Free Press, 2000, 『부드럽게 여성을 죽이는 법』, 갈라파고스)와 그의 비디오 시리즈인 *Still Killing Us Softly*, 그리고 James B. Twitchell, *Adcult USA: The Triumph of Advertising in American Culture* (New York: Columbia University Press, 1996)를 보라.

적이거나 명제적이지 않은 방식으로 진리를 전달한다—을 사용하여 우리를 어떤 종류의 사람으로 형성한다. 의미 있는 관계를 맺기 위해 맥주를 사거나, 존경받기 위해 차를 사거나, 단순히 우리 안에 형성되고 주입된 욕망을 만족시키기 위해 신상품을 구매하는 사람 말이다. 여기서 중요한 것은, 이 훈육 메커니즘이 가치와 진리 주장을 전달하지만 명제적 수단이나 인지적 수단을 통해 그렇게 되는 게 아니라, 오히려 추장이 인지한 것처럼 가치가 더 은밀하게 전달된다는 사실을 이해하는 것이다. 가치는 이미지의 세계를 통해, 이를테면 몸을 가르치는 다양한 실천을 통해 전달된다. 이 과정은 은밀하기에 그만큼 정말 강력하다. 진리는 상상력과 의례라는 강력한 수단을 통해 우리 안에 새겨진다.

교회가 이 과정을 인식하는 게 절대적으로 중요하다. 다시 말해, 우리가 푸코에게 가정 먼저 배워야 할 것은 공교육에서 MTV에 이르기까지 우리 문화에 훈육을 통한 형성이 얼마나 만연해 있는지 아는 것이다. 아이를 키우는 사람이라면 누구라도 어느 정도 반성하는 가운데 이것이 사실임을 인정할 것이다. 내 아이들에게서 이미 드러난 '브랜드 숭배'보다 나를 더 좌절시키는 것은 없다. 실제로 미국 문화에서 아이를 키우면서 훈육을 통한 형성의 힘을, 또한 미국적 가치의 세계화가 전 지구에 걸쳐 이를 현실로 만든다는 사실을 알게 되었다. 우리 모두는 분명 다수의 권력관계 그물망에 얽혀 있으며, 특정 종류의 사람으로 형성하려는 다수의 훈육 메커니즘의 지배하에 있다. 후기 근대 자본주의 세계에서는 이러한 훈육의 이해관계가 합쳐져 있다. 그러므로 우리를 주로 성적 동물로 형성하는 그러한 훈육 메커니즘은 우리를 소비자로 형성하려는 자본주의적 이해관계에 의해 채택되었다. 맥주와 데오드란트(땀 냄새 제거제 —옮긴이)부터 샴푸와 쌀에 이르기까지 모든 것이 성에 기반해 판매된다. 푸코는 훈육을 통한 형성의 문화적 힘을 폭로함으로써, 우리 눈에서 비늘이 벗겨져 우리가 무슨 일이 벌어지고 있는지 볼 수 있게 하는 촉매제가 될 수 있다.

대항 훈육을 통한 대항 형성의 필요성

그러나 그러한 문화적 형성이 만연해 있음을 단순히 인식하는 것을 넘어서, 우리는 이러한 훈육이 겨냥하는 텔로스, 즉 목적이 복음 메시지 및 복음 메시지가 인류의 올바른 목표라고 명시한 것과 일치하지 않는다는(심지어 경쟁 관계에 있다는) 사실도 인식해야 한다. 우리는 후기 근대 자본주의가 인간을 정의하는 방식과 그리스도교 신앙이 우리를 정의하는 방식 사이에 불일치가 있음을 인식해야 한다. 이 형성은 은밀하게 이루어지기 때문에 그리스도인은 종종 자신이 어떤 존재가 되어 가는지 경계하지 않는다. 조지 바나(George Barna)가 전혀 다른 목적을 위해 활용한 은유를 사용해 보자면, 그리스도인은 때때로 주전자 속 개구리 같다. 상온의 물이 담긴 냄비에 개구리를 넣고 물 온도를 서서히 올리면, 끓는점에 이를 때까지도 개구리는 밖으로 뛰쳐나오지 않는다고 한다. 뛰쳐나오지 않으면 죽는데도 말이다. 이는 개구리가 변화를 감지하지 못하거나, 변화가 너무 점진적이어서 개구리가 환경을 받아들이도록 진정시키기 때문이다. 교회도 마찬가지다. 디즈니, MTV, 갭(Gap, 미국의 청바지 회사—옮긴이)의 훈육 메커니즘은 매우 교묘하고 은밀하기 때문에, 우리는 이것들이 제시하는 메시지가—또한 거기서 나타나는 인간의 텔로스에 대한 비전이—우리 자신의 정체성을 빚어내는 방식을 인식하지 못한다. 그리스도인들은 우선 문화 속에서 훈육을 통한 형성이 일어난다는 사실을 인식하고, 그다음에는 지배 문화에서 규정한 인간 소명에 대한 이해가 우리의 궁극적 소명에 대해 성경에서 제시하는 이해와 반대된다는 사실을 인식해야 한다.

그런데 교회는 또한 세 번째 일을 해야 한다. 우리를 하나님이 부르시는 종류의 사람으로 형성하기 위한 대책, 대항 훈육을 제정하는 것이다. 우리는 종종 그리스도교 제자도의 목표가 올바른 방식으로 생각하고 올바른 것을 믿도록 훈련하는 것이라고 생각한다. 그러나 성화와 제자도의 궁극적 목표는 우리를 특정 종류의 사람, 즉 예수를 닮아 성령의 열매를 맺고(갈 5:22-23), 하나님과 이웃을 사랑하며, 고아와 과부와 나그네를 돌보는(렘 22:3; 약 1:27) 사람으로 빚어내는 것이다. 하나님은 우리에게 선한 것이 무엇인지, 주님이 우리에게 요구하시는 것이 무엇인지 보여 주셨다. 바로 정의를 행하고 인자를 사랑하며 겸손하게 하나님과 함께 행하는 것이다(미 6:8). 이는 모두 인간의 소명, 즉 하나님의 형상을 새로이 지닌 자로서 그리스도의 형상을 지닌 자가 되라는 소명을 넓게 해석한 것이다. 제자도의 주목적은 단순히 특정 방식으로 생각하는 사람을 만드는 게 아니라, 특정 방식으로 행동하는 사람을 만드는 것이다. 성경에 따르면, 진리를 아는 것은 궁극적으로 진리를 행하기 위한 수단일 뿐이다(렘 22:16).

그러나 어떻게 그런 사람이 되는가? 진리를 '행하는' 사람이 되려면 어떻게 해야 하는가? 실천이 필요하다. 첫째, 실천에는 은혜가 필요하다. 선한 사람은 없으므로(단 한 명도 없다!), 우리가 올바른 텔로스로 인도받기 위해서는 성령께서 마음을 중생시키시고 방향을 새롭게 정해 주셔야 한다. 앞서 말한 것들이 '성령'의 열매인 이유가 바로 이것이다. 성령께서 신자들 안에 거하시는 한, 신자들은 성령 안에서 그리고 성령의 능력으로 걷는 법을 배우는 만큼 그리스도의 형상으로 형성되고 있다. 하지만 중생은 이런 사람이 되기 위한 필요조건이지만 충분조건은 아니다. 이는 성화의 연습을 통해 계발되어야 한다.

둘째, 교회는 훈육을 통한 형성이 구조적으로 선함을 인식하고, 우리를 이런 사람으로 형성할 수 있는 훈육—MTV와 텔레비전 광고를 통한 형성에 대항하는 훈육—을 활용해야 한다. 우리는 기도와 금식, 묵상, 검약, 단순함 등과 같은 영적 훈련 전통을 회복하여, 몸의 의례를 통해 영혼을 빚어내는 수단으로 삼는 게 좋을 것이다. 더 나아가, 이미 제안했듯, 우리의 공동 예배는 우리를 구속의 대항문화적 주체인 제자로 세우는 데 그 목적이 맞추어져야 한다. 성만찬과 고백, 세족식과 경제적 재분배는 하나님 나라의 시민이 된다는 것이 의미하는 바를 실천하는 방법이다. 그러한 실천은 하나님

나라의 이 텔로스를 우리의 성품에 새겨 넣는다.[33] 그리스도교 예배
는 우리가 우리의 정체성을 빚어내는 실천에 참여하는 중요한 자
리 중 하나다. 우리의 예배가 단순히 소비문화에서 훈육하는 실천
과 목표를 모방한다면, 우리는 다른 방식으로 형성되지 않을 것이
다. 그리스도의 형상을 반영하는 인간을 형성하는 것을 목적으로
삼는 훈육 사회로 교회를 이해함으로써, 우리는 후기 근대 문화의
공허한 형성에 대한 대안 사회를 제시하게 될 것이다.

---

33   성품 형성의 수단으로서 예배에 대한 더 상세한 논의는 Marva Dawn, *Reaching Out
without Dumbing Down: A Theology of Worship for This Urgent Time* (Grand
Rapids: Eerdmans, 1995), chap. 6; Stanley Hauerwas, *The Peaceable Kingdom: A
Primer in Christian Ethics* (Notre Dame: University of Notre Dame Press, 1983),
pp. 107-110을 보라. 『평화의 나라』(비아토르). 그리고 Smith, *Introducing Radical
Orthodoxy*, pp. 235-239를 보라.

적용된 근원적 정통주의: 이머징 교회를 위한 제안

> 지금까지 우리는 근대성 비판이 전통의 중요한 역할을 다시
> 열어 주기 때문에 포스트모던 사상이 고대 그리스도교적인
> 주제와 원천을 회복하는 계기가 될 수 있음을 보았다. 이번 장
> 에서는 근원적 정통주의의 목소리를 검토함으로써 전통과 포
> 스트모더니즘의 독특한 연결을 살펴볼 것이다.

커튼 걷기: 〈웨일 라이더〉

포스트모더니즘이 반대하는 한 가지가 있다면 바로 전통이다. 포스
트모던이라는 개념 자체가 새로운 것, 참신한 것, 전위적인 것, 적
어도 현대적인 것과 동의어가 되었다. 그러나 현대 세계에서 전통
에 충실한 것이 가능한가? 그것은 우리가 원해야 하는 것인가? 근
대성의 발전—세계 구석구석이 가상으로 연결되는 일, 점차 진행
되는 기술 발전, 트렌드의 유동성, 자기 창조—은 전통을 극복하고
전통의 정적인 과거에서 탈출하는 것을 의미하는가? 나는 법을 배

였는데 다시 기어다니기를 원하는 사람이 있겠는가? 혹은 비행 비용에는 이른바 자유라 할 만한 가치가 없는 것인가? 근대적 삶이 지향하는 진보적·비역사적 분리는 인간됨을 구성하는 어떤 부분을 부정하는가? 우리는 전통을 지닌 피조물이므로 전통에서 벗어나면 결국 자기 소외, 심지어 자기 파멸로 귀결되는 것인가?

전통과 현대 문화의 갈등은 영화 〈웨일 라이더〉(Whale Rider)에서 강렬하게 묘사된다.[1] 영화는 "옛날에는…"이라는 말로 시작하고서 곧바로 현대의 병원에서 아이를 낳는 아주 근대적이고 기술공학적인 장면으로 넘어간다. 영화의 시작 부분은 고대적인 동시에 미래적이다. 다음 세대의 탄생을 기록하면서 '조상'에게 호소하는 것이다. 이 고대와 미래의 긴장이 어린 소녀 파이키아를 중심으로 내러티브를 끌고 나간다.

〈웨일 라이더〉는 뉴질랜드 이스트랜드 지역에서 번영하려고 애쓰는 마오리족의 이야기를 다룬다. 마오리족은 근대성을 잘 헤쳐나가지 못하고 있었다. 근대성이 젊은이들에게 제공한 '기회'는 잃어버린 세대를 양산했다. 포루랑기(족장이 될 맏이)처럼 일부 마오리족 사람은 해외여행의 가능성을 반겼는데, 전통 문화의 제약과 기대에서 벗어날 수 있는 방법이었기 때문이다. 포루랑기의 남동생 라위리도 (헤미의 아버지같이) 부족의 다른 젊은이들처럼 탈출했는데, 그는 마약에 찌들어 멈춰 있는, 황량하고 더러운 세계로 들어가

---

1   니키 카로(Niki Caro)가 감독한 〈웨일 라이더〉(Whale Rider, DVD, Culver City, CA: Columbia TriStar Home Entertainment, 2003).

버리고 말았다. 마오리족의 정체성―특히 부족의 의례와 '옛 방식'
―에 대한 이런 거부에 대응해, 족장 고로는 가장 엄격한 형태로
전통을 회복하겠다며 전통을 견고히 하는 데 전념하는 방식으로
대응했고, 아들인 포루랑기와 라위리를 더욱 멀리했다.

　고로는 포루랑기의 첫 자녀에게 모든 희망을 건다. 영화가 시작
하면서, 첫 자녀가 어렵사리 이 세상에 태어난다. 고로는 이 아들
이 조상의 힘을 되찾고 마오리족 공동체를 다시 돌려놓을 '그분'(the
One)―마오리족을 이끌 예언자―이 되리라 믿는다. 그러나 아들
이 태어나자마자 어머니가 죽고, 아들도 머지않아 죽음을 맞이한
다. 포루랑기는 아내와 아들을 잃었고, 고로는 희망을 잃었다. 이렇
게 비통함과 산산이 부서진 희망으로 소란스러운 가운데 쌍둥이
아이가 있었다. 여자아이였다. 할아버지에게는 무시당하고 나중에
는 아버지에게 버림받은 아이. 그러나 아버지―그는 포루랑기의
죽은 아내 앞에서도 그저 "사내아이는 어디 있느냐?" 하고 물었다
―와 대면한 포루랑기는 대담하게(또한 희망을 품고?) 고로 파카에게
딸의 이름을 말한다. 포루랑기는 이렇게 선언한다. "아이 이름은 파
이키아예요."

　"뭐라고?" 고로가 대답한다.

　"들으셨잖아요"

　"안 돼. 그 이름은 안 돼."

　왜 고로는 이 선언을 두려워하는가? 그 이름은 마오리 전통의 핵
심을 되찾으면서도 그에 도전하기 때문이다. 부족의 근간이 되는

내러티브 혹은 신화는 고대의 파이키아 이야기를 중심으로 전개된다. 파이키아는 남태평양에서 항해하다가 카누가 뒤집히자 고래의 등에 올라타 뉴질랜드 이스트랜드 지역으로 갔다. 그때부터 파이키아의 후손 가운데 처음 태어난 남자가 부족장이 되었다. 장남이자 법적 상속자가 죽은 상황에서 포루랑기가 자신의 딸을 파이키아라고 선언한 것은, 고로의 관점에서 볼 때 조상들의 전통에 반항하면서 전통을 명백하게 거부하는 행동이었다. 그리고 정말로 이는 포루랑기가 사랑하는 할머니와 경멸하는 할아버지, 즉 파카에게 아기 파이키아를 맡기고 섬을─또한 만이로서 져야 할 책임을─완전히 떠나기 전에 마지막으로 한 행동이었다. 전통에 대한 고로의 경직된 이해에 맞서 포루랑기의 유일한 선택은 거부하며 떠나는 것이었다. 그는 딸을 떠나고, 부족에게서 도망친다. 그는 영화 내내 강력한 상징으로 남아 있는, 완성되지 않은 테 와카(te waka), 즉 전쟁용 카누를 해안가에 남겨 둔다. 그가 예술적 재능과 열정을 쏟아부은 대상이자 부족의 전통을 강렬하게 표현하는, 반 정도 완성된 이 배의 선체는 해안가에 버려져 있다. 비바람에 방치되어 있긴 해도 여전히 부족에게 겁을 주는 존재로 남아 있다. 그들은 자신들의 유산을 거부하고 잊으려고 했지만, 거대하고 텅 빈 선체는 사라지지 않는다.

다음으로 어린 파이키아를 보면, 그녀가 파카와의 관계에서 고통스러워하고 있음을 알 수 있다. 고통은 양쪽 모두 당하고 있다(파이키아는 할아버지를 계속 사랑하고 있기 때문이다). 한편으로, 파카는 자전

거에 파이키아를 태워서 놀고 그녀의 얼굴에 부드럽게 미소를 짓는 등 파이키아를 계속해서 사랑하고 있다. 다른 한편으로, 새로운 지도자—처음 태어난 남자—를 통해 부족을 부흥시키려는 그의 열정은 파이키아의 이름을 부를 때마다 좌절된다. 파카에게 파이키아는 파카 자신의 실패를 나타낸다. 그는 부족이 조상에게서 버림받았음을 나타내는 징표가 바로 파이키아인 것은 아닌지 걱정한다. 실제로 그는 파이키아를 불운으로 여긴다. 처음 태어난 남자의 죽음으로 족장의 계보는 조상에게 돌아갔고, 고로는 되찾을 방법—누군가를 통해 족장의 카리스마를 되찾을 방법—을 강구해야 한다. 그러나 그가 알기로 파이키아는 그 방법이 될 수 없다. 족장의 카리스마는 결코 소녀에게 주어지지 않는다.

그래서 고로는 전통을 되찾기 위한 조치를 취한다. 그는 마을의 모든 맏아들을 모아 고대의 방식으로 그들을 형성하기 위한 신성한 학교를 시작한다. 파이키아는 규칙에 따라 배제되었는데, 심지어 마라에(marae), 즉 사원 경내에서 벗어나 있으라는 말을 듣는다. 고로에 따르면 그곳은 "우리의 옛 방식이 유지되는 유일한 장소"이기 때문이다. 이 신성한 배움의 학교에서 그들은 부족의 성가와 노래, 이야기와 신화, 춤과 의례 등 옛 방식을 배운다. 어린 소년들에게 이 옛 방식은 자신들이 가장 편안함을 느끼는 근대성과 비교하면 낯설다. 예를 들어, '피가 날 때까지' 가슴을 때리고 상대방의 얼굴에 혀를 내미는 것을 배우는 전쟁 춤 의례에서 이를 알 수 있다. 고로는 이렇게 설명한다. "혀를 내미는 것은 너희들이 적에게 '내가 널 먹어 버리겠다'고 말하는 거야." 당황한 소년들은 실행하기를 망설인다.

소년들은 관습 가운데 하나를 취한다. 긴 지팡이를 사용해서 싸우는 형태의 의례다. 그들은 근대 문화에서 형성되면서, 비록 의례적인 것이지만 폭력에 대한 어떤 관심을 마음에 품어 왔다. 훈련에서 제외된 파이키아는 멀리서 빗자루 손잡이를 가지고 동작을 흉내내려 한다. 고로는 이를 알고서 급하게 그녀를 쫓아낸다. "내가 실패하길 바라는 거냐?" 그는 그녀에게 묻는다. 그러나 할머니는 가족사에서 흥미로운 한 대목을 들려준다. 지금은 마약 중독으로 게으르고 더러운 상태에 있는 삼촌 라위리는 한때 (할머니가 평하길, "뚱뚱하고 못생기기 전에") 이 싸움 의례에서 가장 실력이 뛰어난 사람이었다. 그래서 할머니는 파이키아에게, 삼촌에게 개인 교습을 요청하라고 제안한다. 라위리의 친구와 여자 친구는 라위리가 어린 소년일 때 고대 전통의 대가였음을 알고 놀란다. 실제로 라위리는 자신에 대해 정말로 잊고 살아 왔는데, 이 장면은 그가 일반적으로 자신이 누구였는지(또한 누구인지) 잊고 사는 모습을 축소판으로 보여 준다. 그러나 파이키아가 그에게 자신을 훈련시켜 달라고 요청하고, 그가 지팡이를 잡자마자, 변화가 일어난다. 이 전통의 유물은 거의 성례전적 성격을 지니고 있으며, 그가 누구였는지뿐만 아니라 어떤 사람으로 부름받았는지 상기시키기 위해 그를 그 자신에게로 부르는 것 같다. 이렇게 전통을 다시 익히는 일은 잃어버린 세대의 한 구성원을 놀랍도록 인간답게 만드는 결과를 낳는다. 라위리는 열정을 가지고 도전에 응함으로써, 파이키아가 부족에서 최고가 되도록 훈련시킬 뿐만 아니라 라위리 자신의 정체성과 가치도 회복한다.[2]

고로의 신성한 맏이 학교에서는 부족에 족장의 카리스마를 다시 가져올 그분이 누구인지 가리는 마지막 시험을 치른다. 고로는 소년들을 데리고 나와 곧 망가질 것 같은 알루미늄 보트(해안에서 항상 볼 수 있는 거대하고 화려한 와카 선체에 비하면 작고 못생긴 근대의 유물)를 타고 만으로 나간다. 만의 깊은 곳에 닻을 내리고, 고로는 고래 이빨 부적(레이푸타)을 목에서 끌러 깊은 곳에 던지며 선언한다. "너희 중 한 명이 내게 부적을 다시 가져다줄 것이다." 소년들은 고래 이빨을 되찾아 다음 추장이라는 정체성을 보증받으려고 물속으로 뛰어든다. 수면 위로 한 명씩 한 명씩 올라온다. 고로는 마지막에 이렇게 묻는다. "자, 너희 중 누가 가지고 있니?" 아무도 부적을 되찾지 못했다. 소년들은 조용히 뭍으로 돌아오고, 고로는 그 길로 침대에 가서 며칠 동안 누워 있다. 그는 실패했다. 조상들은 그의 기도를 무시했고, 고로의 부족민들은 망각이라는 어둠에 갇히게 된다.

그러나 파이키아는 할아버지의 기도를 듣고 그의 분투에 공감

---

2   전통의 이 긍정적 영향은 신성한 학교와 관련한 또 다른 일화에서도 볼 수 있다. 가장 총명한 어린 소년 중 한 명인 혜미(분명 고로가 '그분'이라며 희망을 건 인물)는 부족을 떠난 막무가내 아버지의 아들인데, 그 아버지도 잃어버린 세대의 일원으로서 근대 문화의 간계에 빠져 버렸다. 그러나 아버지가 잠시 마라에를 방문해 혜미가 의례를 수행하는 것을 볼 때 아버지의 자부심은 부풀어 오른다. 비록 마치 자신이 조상들에게 이끌리는 데서 스스로를 보호하려는 듯 금방 마라에를 떠났긴 하지만 말이다. 그러나 영화의 마지막에서 그는 이 끌림을 견디지 못한다. 그는 부족민의 장식을 하고 와카를 진수한다. 그리고 혜미는 자랑스러워하며 아버지께 미소를 보낸다.

한다. "할아버지는 고대의 조상들에게 기도하셨어요." 화면을 통해 파이키아의 해설이 전해진다. "도와달라고 조상들에게 기도하셨어요. 하지만 조상들은 듣지 않았지요. … 그래서 제가 해 봤어요." 그녀는 텅 빈, 불안이 감도는 와카의 선체로 향한다. 해골 같은 모습으로 존재하는 와카는 파이키아가 할아버지의 거부를 가장 강하게 느낄 때 물러나서 갔던 곳이다. 또한 아버지가 잠시 부족으로 돌아왔을 때 그녀가 아버지와 중요한 대화를 했던 장소이기도 하다. 그때 파이키아는 고로의 거부를 강하게 느끼고 있었는데, 포루랑기는 그녀에게 이렇게 설명했다. "할아버지는 더 이상 존재하지 않는 무언가를 찾고 있어." 그는 "예언자", 즉 "[부족] 사람들을 어둠에서 이끌어 줄" 누군가를 찾고 있었다.

그러나 이때 파이키아는 와카로 물러나 할아버지를 위해—그를 대신해 조상들을 부르며—기도한다. "조상들은 제 기도를 들었어요." 이 장면을 시작으로 영화의 국면이 변화되는 시퀀스가 전개된다. 어느 날 밤 파이키아는 할아버지에 대한 '사랑과 존경'을 담아 수상 연설을 하는데, 이 연설에서 그녀는 자신의 민족 이야기를 설명하면서 자신이 할아버지가 기대했던 지도자가 아니었음을 눈물을 글썽이며 인정한다. 같은 날 밤, 파카는 마침내 방에서 나와 파이키아의 연설에 참여하려 했지만, 다시 해변으로 돌아온다. 멀리서 들려오는 울음소리에 이끌려 그는 해안으로 가 보니, 고래 떼가 해변으로 몰려와 서서히 죽어 가고 있었다. "누구를 탓하겠는가?" 그가 홀로 묻는다. 조상들이 파이키아의 기도와 울음을 듣고 찾아

온 것이다. 그런데 그게 무슨 의미인가? "시험이었어요." 파이키아는 그렇게 결론을 내린다.

부족 전체가 이 비극에 맞서 고래들을 구하기 위해 밤새 애를 쓴다. 물에 적신 담요로 고래를 감싸고, 물통을 들고 바다를 오가며 물을 퍼 와 고래에게 뿌린다. 새벽에 결국 고래 한 마리가 죽자 슬픔에 빠진 여인을 라위리가 위로한다. 그녀는 불과 몇 시간 전만 해도 카드 테이블에 모여 있던 냉소적인 노파들 가운데 한 사람이었다. 고래의 죽음은 그녀가 잊고 지내던 삶의 방식에 대한 기억에 불을 지폈다. 그러나 해가 뜨기 시작하자 그들이 한밤중에 수고했던 것이 헛된 일이 되어 버릴 것만 같았다. 해변 아래쪽에서는 분명 고대에 존재했을, 사람들이 밤새 돌보던 다른 고래들이 왜소하게 보일 정도로 엄청나게 큰 고래가 하나 보인다. 이 작은 생명체들을 다시 물로 돌려보내는 게 거의 불가능해 보이는데, 이 거대한 고래를 구할 수 있는 희망은 무엇인가?

고로는 노래하고 기도하면서 온순하고 거대한 생명체에게 다가가 재빨리 상황을 진단한다. 그들은 동물을 돌려서 바다로 되돌려 보낼 방법을 찾아야 한다. 그러면 다른 동물들도 따라갈 것이다. 고로는 이 작업을 위해 사람을 모으라고 라위리에게 소리치지만, 그들은 이미 밤새 일해서 그런지 라위리는 자신이 없다. 라위리는 대답한다. "그들이 아버지를 위해 일할 겁니다." 고로도 응답한다. 이것은 고로가 둘째 아들에게서 지도자로서의 카리스마를 보고 있음을 알리는 첫 번째 표시다. 라위리는 부족 사람들을 모아 헤라클레

스나 할 법한 이 불가능한 작업에 매진한다. 전략은 간단해 보인다. 꼬리에 거대한 밧줄을 연결해 트랙터로 끌면서, 남자들과 여자들 모두가 함께 동시에 머리를 밀면서 고래의 방향을 바꾸는 것이다. 트랙터가 무리해서 끌자 밧줄이 닳기 시작하더니 결국 끊어진다.[3] 이제 어떻게 하는가? 희망이 있는가?

파이키아는 와카 선체에서 이 모든 것을 지켜봤다. 부족 사람들이 해안을 떠나자 그녀는 물가로 내려와 고래를 향해 조심스럽게 다가간다. 파이키아는 어릴 때부터 알고 있던 마오리족의 전통 인사를 흉내 내면서, 고래의 코를 문지르면서 기도하듯 자신이 무엇을 해야 하는지 분별하려 한다. 그녀는 서서히, 하지만 단호하게 고래의 등에 올라타 자기 이름과 같은 사람이, 즉 고대의 고래 기수 파이키아가 취해야 할 자세를 취한다. 고래는 그녀의 간청에 응답해, 꼬리로 모래를 치며 심해를 향해 거대한 몸을 돌리기 시작한다. 파이키아는 계속해서 고래의 등에 올라타면서, 그 생명체가 해안에 있는 다른 고래들이 번성할 수 있는 심해로 돌아가도록 안내할 수 있게 한다. 파이키아는 고래를 놓지 않으려는 듯, 고래가 물속으로

---

3   이 장면은 영화 내에서 이전에 일어난 사건을 떠올리게 한다. 파카는 낡은 선외기에 밧줄을 거는 작업을 하고 있고, 파이키아는 그 옆에 있다. 부족의 신화에 대해 호기심이 생긴 파이키아는 조상들과 신화의 관계를 묻는다. 파카는 손에 든 밧줄을 비유로 들어 대답한다. 그는 조상들의 유산이 작은 가닥으로 이루어진 이 밧줄과 같다고 말한다. 그래서 그들은 많은 조상으로 이루어진 족장들의 긴 계보의 일부다. 고로가 밧줄을 이용해 모터에 시동을 거는데 밧줄이 끊어진다. 그가 다른 밧줄을 구하러 가자, 파이키아는 밧줄을 고쳐 엔진에 시동을 건다. "다시는 그러지 마라." 파카가 그녀를 꾸짖는다. "위험하단다."

내려갈 때도 고래에 붙어 있는다.

이 일이 벌어질 때 파이키아의 할머니가 파이키아를 찾는다. "파이키아는 어디 있니? 어디에 있어?" 할머니가 울부짖는다. 그러자 부족 사람들이 해변과 바다를 살피고, 거기서 어린 파이키아가 고래를 타고 바다로 돌아가는 모습을 보게 된다. 할머니는 슬픔과 분노로 눈물을 흘리며 고로의 손에 뭔가를 쥐어 준다. 소년들이 되찾지 못했던 고래 이빨이었다. "웬 거야?" 그가 묻는다.

"'웬 거'라니, 그게 무슨 말이야?" 아내가 분개하며 대답한다. 고로도 알고 있다.

고래가 바다로 뛰어드는 힘 때문에 파이키아는 고래 등에서 떨어져 나갔다. 나중에 물에서 구조되지만, 상태는 심각했다. 고로는 조심스럽게 병실에 들어가 어린 파이키아 앞에 겸손하게 무릎을 꿇고 복종한다. "용서하소서, 오 현명한 지도자시여. 저는 이제 막 날기 시작한 햇병아리일 뿐입니다." 그러고는, 어린 고래가 어미 밑에서 장난스럽게 춤추고 있는 물속의 평온한 모습으로 장면이 전환된다. 고로는 전혀 예상하지 못했던 데서 조상들의 카리스마를 발견했다.

영화의 마지막 장면을 보면, 파이키아에 의한 창의적이고 예상치 못한 전통 회복이 공동체를 변화시키고 새롭게 했음을 알 수 있다. 푸른 하늘을 가로지르는 와카의 뱃머리는 이제 완성되어 밝은 빛을 뿜내는데, 그 정교한 조각은 포루랑기가 집으로 돌아와 완성했다. 포루랑기와 라위리는 잃어버린 세대 사람들을 이끌고 와카를 바다로 내보내며 첫 항해를 시작한다. 해안에서는 전통 의상을 입고 화장을 한 부족의 무용수들이 옛 방식대로 노래하며 춤추고 있으며, 마약과 근대성의 그늘에 절어 있던 젊은 남녀 일부가 이를 이끌고 있다. 이 영화가 단순히 근대성에 대한 거부를 제시하는 것은 아니다(현대 의학이 파이키아를 치료해 건강하게 회복시켰다). 하지만 파이키아의 사람들이 지닌 정체성을 갱신하는 일은 근대성 **속에서**, 때로는 근대성에 반대하면서 이루어지는 전통의 회복을 통해 가능하다. 고대 의례라는 낯섦과 고래 타기라는 기이한 관념이 그들에게 미래를 부여한다.

교의 구원하기: 더 집요한 포스트모더니즘

교회도 고래 타기를 배움으로써 잘 해낼 것이다. 우리는 근대성이 그리스도의 몸을 구성하는 '독특한 백성'이라는 우리의 정체성을 어떻게 약화시키는지 주의 깊고 분별력 있게 살펴보고, 우리의 모습을 재형성하기 위해 성도들의 교제라는 낯선 방식이자 고대의 실천을 되찾으려 해야 한다. 이 마지막 장에서는, 앞선 여러 장에서 개괄한 포스트모더니즘의 결과가 포스트모던 문화 안에서 포스트모던 문화를 위해 근대 이전의 실천을 비변증적으로 주장하는 확고한 고백적 신앙과 교회론이 되어야 한다는 점을 살펴볼 것이다. 더 집요한 포스트모더니즘─데리다, 리오타르, 푸코의 주장에 담긴 함의를 정말로 따르는 것(혹은 더 낫게 말해, 이들의 중심 주장과 그리스도교의 신학적 전통이 지닌 통찰을 맞물리는 것)—은 겸손과 연민이라는 이름으로 제공되는 얇아진, 신성한 유형의 종교적 회의주의가 아니라 '두꺼운' 고백적 정체성을 선포하고 채택하는 근거가 되어야 한다. 포스트모던 영성의 이름에서, 심지어 '이머징' 그리스도교라는 이름에서 우리가 볼 수 있는 많은 것이 그리스도교의 고백 전통의 독특성에 대한 소심함이다. 이런 그리스도교는 광적 형태의 근본주의—개신교든 가톨릭이든—는 거의 확실히 바로잡지만, 고백을 정의나 사랑에 대한 밋밋한 관심사로 환원하는 얇은 '에큐메니컬' 그리스도교로 후퇴한다면 이는 매우 근대적인 프로젝트의 잠재적 유형으로 남는 것이다.[4] 이 점에서 포스트모던 신학이나 종교철학을 지배하는 논의 대부분은 실제로 포스트모던적 비판이 지닌 더 근원적인 함의를 꺼리고 있다.

가장 집요한 포스트모더니즘은 포스트모던 교의학—또는 우리가 이차적 소박성의 탈비판적 교의학(postcritical dogmatics of second naiveté)이라 부르는 것—이라는 결과를 낳을 것이다. 그리고 실천 차원에서 볼 때, 더 집요한 포스트모더니즘은 정말 포스트모던 교회를 낳는다기보다는 교회가 교회 **되도록** 하는 포스트모던 촉매제를 낳는 것이다.

---

4 이 점에서 내가 데리다를 비판하는 내용은 James K. A. Smith, "Re-Kanting Postmodernism: Derrida's Religion within the Limits of Reason Alone," *Faith and Philosophy* 17 (2000): pp. 558–571을 보라.

이 점에서 최근 그리스도교 신학의 운동이나 감수성은 더 집요한 포스트모더니즘을 구현한다. 근원적 정통주의[5] — 탈근대성 안에서 확고한 고백적 신앙을 분명히 표현하려는 감수성 — 는 지식과 전지(全知)를 동일시하는 근대적(또한 회의적) 주장을 거부한다는 점에서 더 집요한 혹은 철저한 포스트모더니즘을 대표한다. 다시 말해, 많은 포스트모던 신학이나 대륙 종교철학과 달리 근원적 정통주의에서는 데카르트적 불안에 사로잡히기를 거부한다.[6]

우리에게 이는 무슨 뜻인가? 우리는 포스트모던적인 신학 혹은 종교를 옹호하는 많은 사람이 종교적 고백이라는 특정한, 결정적인 공식화에 지극히 비판적이라는 게 무슨 의미인지 인식해야 한다. 데리다와 존 카푸토(John D. Caputo) 같은 사람은 절대적 확실성에 대한 근대 데카르트의 꿈은 단지 꿈일 뿐이라고 올바르게 지적한다(이머징 논쟁에 참여한 많은 사람은 이 점에 매우 공감한다). 인정하건대, 이는 분명 꿈이며 그러한 이성적 확신에 희생된 사람들(식민지의 민족, 착취당한 피조물 등)에게는 악몽이었다. 또한 데카르트적 확

---

5 근원적 정통주의가 다른 흐름(예컨대 후기자유주의)과 맺는 관련성에 대한 고찰을 포함해, 이에 대한 더 확장된 설명은 James K. A. Smith, *Introducing Radical Ortho-doxy: Mapping a Post-secular Theology* (Grand Rapids: Baker, 2004)를 보라.

6 데카르트의 회의가 신학에 드리운 긴 그림자를 다룬 유용한 논의는 Nancey Murphy and Brad J. Kallenberg, "Anglo-American Postmodernity: A Theology of Commu-nal Practice," in *The Cambridge Companion to Postmodern Theology*, ed. Kevin Vanhoozer (Cambridge: Cambridge University Press, 2003), pp. 26–41을 보라. 그들이 지적하듯, 제대로 포스트모던적인 신학은 근대성의 기원에서 데카르트가 설정한 논쟁의 용어를 거부할 것이다.

신의 일부 유형은 특정한 종교적 표현—그 결과가 바로 우리가 근본주의라 부르는 것이다—에 붙어서 말할 수 없이 큰 해악을 낳았다. 그러한 근대 종교—칸트 이후의 자유주의 신학의 형태든, 동일하게 근대적인 유형인 개신교 근본주의든—의 문제점은 두 가지다. 한편으로, 근대 종교는 직접적 접근과 인지적 확실성이라는 신화적 인식론에 기초한다. 다른 한편으로, 근대 종교가 맺는 결실은 공동체에 대한 해악, 폭력, 고통을 포함하며, 이는 해당 공동체 안에 있는 사람들과 그러한 종교적 공동체에 의해 '타자'로 간주되는 사람들 모두가 겪는다.

그렇다면, 우리가 **포스트**모던적이 되려면—근대성의 가장 나쁜 점을 없애려면—확실히 토대주의 인식론뿐만 아니라 이 데카르트 기관차에 자기 화차를 연결하여 편승하는 종교 형태도 버려야 한다. 그러나 데리다, 카푸토 등에게 근대주의적 종교(그리고 그에 수반되는 인식론)에 대한 거부는 데카르트가 정한 게임 규칙을 여전히 받아들이고 있다고 할 만한 비판의 형태를 취한다. 특히 포스트모던 신학[7]에서 흔히 볼 수 있는 움직임은, 지식을 유사-전지한 확실성과 동일시하는 데카르트적 주장을 거부하고 그 대신 일종의 철저한 회의주의를 주장하는 것이다. 이는 신앙과 지식을 대립시키지만 그렇게 함으로써 실제로는 지식과 확실성의 등식을 유지하는 것이

---

7   여기서 '신학'은 딱 맞는 용어가 아니며, 카푸토와 데리다라면 이 용어가 결정적 고백과 연결되는 느낌이 너무 강한 것 같다며 다소 불편하게 여길 것이다. 오히려 그들은 이를 '포스트모던 종교철학' 혹은 단순히 '종교학'이라고 말할 것이다. 지금 논의 맥락에서 내가 사용하는 '신학'이라는 용어는 대체로 발견법적(heuristic)이고 약칭에 가깝다.

다. 데리다는 "나는 **모른다**"고, "나는 **믿어야** 한다"고 말한 적이 있다.[8] 다시 말해, 포스트모던 신학자는 이렇게 말한다. "우리는 하나님이 그리스도 안에서 세상을 자신과 화해시키셨음을 **알** 수 없다. 우리가 할 수 있는 최선은 **믿는** 것이다." 왜 그런가? 안다는 것은 확실하다는 것을 의미하기 때문이다. 우리는 그러한 확실성이 불가능한 꿈임을 안다. 그러므로 실제로 우리에게는 지식이 부족하다. 우리는 모른다. 믿을 수 있을 뿐이며, 그러한 신앙은 항상 신비하고 모호할 것이다. 그러나 이는 나쁜 일이 아니다. 완전히 반대로, 이 신앙은 자유롭게 하며 정당하다. 우리가 하나님에 대해 뭔가 안다고 생각하는 바로 그때, 우리는 경계를 세우고 훈육을 시작한다. 하나님이 무엇을 원하시는지 아는 사람이 모르는 사람에게, 심지어 '아는' 공동체의 일원인 사람에게 최악의 폭력을 행사한다. 신앙 없는 자(infidels)만이 아니라 종교 공동체 내에서 온갖 종류의 율법주의적 규칙―스스로 부과한 것이라 하더라도―아래 있는 사람 역시 '신자'(참으로 '아는 자')에게 해를 입는다. 그래서 포스트모던적인 종교적 신앙은 지식을 멀리하고, 그렇기에 교의와 교리의 특수성도 멀리한다. 다시 말해, 이런 사고방식에 따르면 포스트모던 신앙에서는 특정한, 결정적인 종교적 고백은 여전히 지식에 오염되었다고 본다. 그 대신 포스트모더니스트들은 특정한 신조나 교단과 연결되지 않은 '종교 없는 종교'를―정의나 '사랑'에 대해 더 초월적이고

---

8 Jacques Derrida, *Memoirs of the Blind*, trans. Pascale-Anne Brault and Michel Naas (Chicago: University of Chicago Press, 1993), p. 155를 보라.

덜 결정적인(혹은 막연하기까지 한) 헌신을―옹호한다.[9]

탈근대성 안에서 이머징 교회의 형태를 생각해 보려는 많은 사람은 이 비판이 올바르다며 이를 긍정했다. 미국 근본주의에 의해 형성된 그리스도교적 경험을 지닌 (나 같은) 사람들은 결정적인 근대 종교에 대한 이 비판을 특히 환영하며 받아들인다. 그런 종교의 실천과 신학 공식이 사람과 복음 모두에 끼친 일종의 해악을 직접 보고 경험해 왔기 때문이다. 그래서 이머징 교회가 종교 없는 종교에 가볍게 접근하고, 교의와 제도 교회의 역할을 깎아내리는 유형의 포스트모던 영성에 공감하는 것은 이해할 만한 일이다.[10] 하지만 나는 그러한 종교 없는 종교가 정말로 포스트모던적인 게 아니며 오히려 지극히 근대적인 감수성의 연장선상에 있다고 생각한다. 더 나아가, 보다 제대로 포스트모던적인 신학은 이러한 비판 용어 자체를 거부할 것이며, 실제로는 교의 신학과 제도 교회 모두에 훨씬 더 호의적일 것이다.

첫째, 이 유사-포스트모던적인 종교 없는 종교는 근대의 데카르트식으로 문제를 정형화한 것을 뒤집지 않는다. 그 대신, 지식을 확실성과 동일시하는 데카르트적 주장을 받아들이고, 그다음에 그러

---

9 포스트모던적인 '종교 없는 종교'에 대한 명쾌하고 흥미로운 설명은 John D. Caputo, *On Religion* (London: Routledge, 2001)을 보라. 『종교에 대하여』(동문선).

10 D. A. 카슨이 진리와 객관적 지식의 문제에 관해 그토록 가혹하게 비판한 것이 이머징 교회의 바로 이런 측면이다. 그러나 2장에서 언급했듯이 나는 철저하지만 종교적이기도 한 회의주의와 객관성에 대한 카슨의 확신 사이에서 제3의 길을 개척하려 한다. 이 제3의, 아우구스티누스적인 길은 지식과 진리의 가능성 및 실재를 긍정하지만 근대의 객관성 개념은 거부한다. 이를 고백적 실재론(confessional realism)이라 말할 수 있겠다.

한 확실성은 불가능하기 때문에 지식은 불가능하다는 결론을 내릴 수밖에 없다는 식으로 진행한다. 그러나 우리는 이런 '전부 아니면 전무' 논리를 받아들일 필요가 없다. 실제로 데카르트 이전에 이런 논리는 단순한 착각으로 보였을 것이다. 아우구스티누스에서 아퀴나스에 이르기까지, 중세 신학자들은 하나님을 '파악하는 것'(불가능하다)과 하나님을 '아는 것'(가능하다. 하나님이 우리가 받아들일 수 있는 용어로 자신을 제시하셨기 때문이다)의 차이에 매우 주의를 기울였다.[11] 왜 우리가 지식의 기준을 신과 같은 확실성이나 전지성으로 생각해야 하는가? 왜 우리가 이 둘을 동일시하는 명백히 잘못된 근대적 입장을 받아들여야 하는가? 유사-포스트모던적인 종교 없는 종교에서는 실제로 이 데카르트적 패러다임을 받아들여 작동시키는 반면, 더 집요한 혹은 제대로 된 포스트모더니즘에서는 이 패러다임이 철학과 신학의 역사에서 벗어났다고 보아 거부한다.[12]

바로 이렇게 데카르트적 패러다임을 거부하는 것이 근원적 정

---

11 이 점을 더 다룬 내용은 James K. A. Smith, *Speech and Theology: Language and the Logic of the Incarnation*, Radical Orthodoxy Series (London: Routledge, 2002), chap. 5를 보라.

12 머피와 칼렌버그는 근대성이 "거대한 오메가(Ω) 형태의 우회로"라는 스티븐 툴민(Stephen Toulmin)의 제안을 언급한다("Anglo-American Postmodernity," p. 39. 툴민의 책은 Toulmin, *Cosmopolis: The Hidden Agenda of Modernity* [Chicago: University of Chicago Press, 1990], p. 167에서 재인용. 『코스모폴리스』, 경남대학교출판부). 이 생각은, 데카르트와 함께한 전환은 잘못된 전환으로 드러났으며, 우리가 다시 궤도에 오른다면 근대 이전의 선조들과 상당한 연속성을 발견할 수 있으리라는 것이다. 이는 웨버의 "고대-미래" 논지를 긍정하고, 더 제대로 된 포스트모던으로서 아우구스티누스와 아퀴나스의 인식론에 호소하는 현상을 설명해 준다.

통주의의 특징이다. 근원적 정통주의는 아우구스티누스와 아퀴나스가 제안한 지식에 대한 설명을 되살려내려 한다. 이 고대-중세적인-제대로-포스트모던적인 모형에서 우리는 절대적인 지식이나 확실성을 지닌다고 자처하는 일을 마땅히 포기하지만, 그렇다고 해서 지식을 완전히 포기하지는 않는다. 오히려 우리가 제대로 고백하는 것은, 우리는 하나님이 그리스도 안에서 세상을 자신과 화해시키신다는 것을 알지만 그러한 지식은 (특정한, 특별한) 계시라는 선물에 기초하고,[13] 보편적으로 객관적이거나 입증할 수 있는 것이 아니며, 해석과 관점의 문제로(지식의 조건으로서 성령께서 행하시는 중생과 조명의 역할에 대한 중요한 인식과 함께) 남아 있다는 것이다. 우리는 확실성 없는 지식, 객관성 없는 진리를 고백한다.

둘째, 교의 및 확고한 종교적 고백에 대한 데리다와 카푸토의 비판을 뒷받침하는 것은 근대 데카르트적 패러다임의 수용이다. 무언가를 확고하게 고백하고 이를 교의나 교리로 구현하는 일은 초월적인 것에 대해 무언가를 안다고 주장하는 것인데, 이 유사-포스트모더니즘의 전도된 데카르트식 회의주의는 그러한 것을 가질 수 없다. 포스트모던적인 종교 없는 종교에서 결과적으로 '신앙'을 긍정하는

---

13 데리다와 카푸토는 특별한, 결정적인 계시의 가능성을 선험적으로 배제한다는 점에 주목해야 한다. 이것이 아마도 근원적 정통주의와 가장 근본적으로 차이가 나는 점 가운데 하나일 것이다. 근원적 정통주의는 바르트처럼 그리스도 안에서 하나님이 주시는 특별한 계시를 긍정하는 데서 출발한다. 종교-없는-종교 패러다임은 계시의 가능성 자체를 부정하는 것처럼 보이는 반면, 후기자유주의와 근원적 정통주의에서는 주어진 계시의 수위성(primacy)을 긍정한다.

것은 지극히 신앙주의적(fideistic)이고 반(反)제도적이다. 그리스도교적 관점에서 볼 때 이런 입장이 지닌 중요한 문제는 그것이 지극히 비성육신적(unincarnational)이라는 것이다. 이런 입장은 내가 다른 데서 "성육신의 논리"라기보다는 "결정의 논리"라고 묘사한 것과 함께 작동한다.[14] 이 결정의 논리에 따르면, 특수성 자체는 폭력적이며 폭력으로 이어진다. 그러므로 폭력을 피하기 위해서 우리가 가져야 할 것은, 예를 들면 비결정적인 사회적 희망과 불특정적 정의에 대한 희망이다. 우리에게는 교의나 교리가 없는 종교적 공동체가 있어야 한다. 그러나 결정과 폭력을 동일시하는 데리다의 전제에는 의문을 제기할 수 있으며 또한 그래야 한다. 유한성은 어쨌든 실패라고 가정해야―이는 우리가 어쨌든 무한한 존재로 부름받았음을 암시한다―결정적이고 유한한 것은 폭력적이고 배타적이라고 해석할수 있다. 요컨대, 모든 결정이나 유한성이 폭력이 된다는 데리다의 전제를 받아들이려면 유한성을 일종의 타락, 최초의 위반으로 해석하는 어떤 유형의 영지주의 존재론을 채택해야 한다. 그러나 우리는 스스럼없이, 특히 그리스도교적 근거를 가지고 이 전제를 거부한다.

나는 유한성이나 특수성이 폭력이라고 해석하는 결정의 논리를 채택하기보다는, 유한성과 특수성이 선이라고 해석하는 성육신의

---

14   James K. A. Smith, "Determined Violence: Derrida's Structural Religion," *Journal of Religion* 78, no. 2 (April 1998): pp. 197–212, 그리고 *Speech and Theology*, chap. 5를 보라. 곧 출간할 책에서 이를 더 자세히 설명할 것이다. 가제는 *Holy Wars and Democratic Crusades: Deconstructing Myths of Religious Violence and Secular Peace*다.

논리를 옹호한다. 체화(embodiment)를 선하다고 긍정하는 데서 시작한다면, 유한성과 특수성―예를 들어, 하나님이 특정 시간에('본디오 빌라도 치하에서') 특정한 곳에서('동정녀 마리아에게서 태어났다') 육신이 되셨다는 고백―이라는 사실은 불의나 폭력으로 해석되지 않는다. 데리다의 결정의 논리를 거부한다면 비역사적·비지리적·초월적 종교라는 매우 근대적인 관념도 거부해야 하기 때문이다. 그러므로 종교적 고백의 특수성은 그 자체로 폭력적인 게 아니라는 결론이 따라 나온다. (심지어 데리다의 초기 작업 측면에서 미개발된 성육신의 논리의 씨앗을 찾아낼 수 있다고 주장할 수도 있으며, 바로 이 지점에서 데리다를 해체할 수 있을지도 모른다.)[15]

그리스도인의 고백은 하나님이 육신이 되셨다는, 특정 인물, 특정 시간, 특정 장소 안에서 육신이 되셨다는 스캔들스러운 현실에서 시작한다. 특수성을 긍정하는 것이야말로 성육신의 핵심이며, 성육신은 그 자체로 창조 때 긍정된 특수성의 선함을 다시 긍정하는 것이다. 이 특수성 긍정은 그리스도의 몸인 교회 안에서 그리고 교회에 의해 퍼져 나간다. 그러나 체화와 특수성―교의적 고백, 제도적 조직, 교리의 역사적 전개 등의 특수성을 포함한다―에 대한 그런 성육신적 긍정은, 칸트적 방식으로 신앙을 사랑이나 정의에 대한 일반적 긍정으로 축소하는 종교 없는 종교의 잔존하는 모

---

15   James K. A. Smith, "A Principle of Incarnation in Derrida's (*Theologische?*) *Jugendschriften*: Towards a Confessional Theology," *Modern Theology* 18 (2002): pp. 217–230.

더니즘보다 더 제대로 포스트모던적이다. 더 집요한 포스트모더니즘은 결정적 고백과 그 제도, 즉 교의 신학과 고백적 통치가 이루어지는 교회의 성육신적 스캔들을 포용한다.[16] 아마도 가장 스캔들스러운 형태로, 위계질서보다 더 포스트모던적인 것은 없을 것이다![17] (그리고 자율적·비교파적 무정부주의보다 더 근대적인 것은 없다.)

지금까지 나는 제대로 포스트모던적인 신학은 회의적이지 않고 교의적일 것이라고 주장해 왔다. 이는 무비판적 근본주의나 종교 우파의 승리주의적 입장으로 회귀하는 것을 옹호하는 게 아니다. 오히려 우리의 고백과 실천은, 그리스도 안에 있는 하나님의 역사적 계시 안에서 주어지고 그 계시에 교회가 응답한 역사 속에서 전개된 그리스도교 신앙고백의 특수성으로부터 비변증적으로 나아가야 함을 확인하는 것이다. 그러니까 교의적이라는 것은 비변증적으로 고백한다는 것이며, 이는 많은 포스트모던 신학이 보여 주는 데카르트적 불안과는 반대로 우리가 지닌 고백의 결정적 성격에 대해 변명하지 않기를 요구한다. 이는 교회의 언어를 사고와 실천의 패러다임으로 확고하게 전유하는 것으로 해석되어야 한다. 계시의 수위성에 대한 이 확언은 근원적 정통주의의 핵심 교리이면서도, 후기자유주의를 포함해 포스트모던 신학 내 다른 운동과도 공

---

16 푸코와 대화를 나눈 4장의 요점을 다시 확인하자면, 거기서 우리는 비교파적 영성을 계속해서 선호하는 것이 근대적 자율성이 잔존한 형태라고 볼 수 있다는 데 주목했다.

17 배경 논의는 John Milbank, *Theology and Social Theory* (Oxford: Blackwell, 1990), chap. 10을 보라. 『신학과 사회이론』(새물결플러스).

유하는 교리다.[18] 그러나 계시의 수위성이라는 쟁점은 또 다른 우려를 낳기에, 역사를 성육신적으로 긍정하는 것이 예배와 제자도에 어떤 일을 수반하는지 더 구체적으로 고려하기에 앞서 이 쟁점을 잠시 설명하려 한다.

포스트모던 혹은 이머징 교회의 형태에 대해 내가 우려하는 것 중 하나는, 전문적으로 말하자면 상관관계 모형(correlationist model)이라고 설명할 수 있는 것이다.[19] '상관관계'는 명백히 근대적 혈통을 지닌 신학 전략을 말한다. 이는 다음과 같이 작동하는데, 상관관계 신학은 세속 학문—철학이든 심리학이든 역사학이든 사회학이든—의 연구 결과에 대한 신뢰에서 출발해, 이 중립적 혹은 과학적 틀을 기초로 삼고서, 그리스도교 신학의 주장이 세속 학문에서 밝혀낸 사실과 상관관계가 있음을 보여 준다. 예를 들어, 불트만은 인간의 조건에 대한 하이데거의 실존론적 설명이라는 (이른바) 중립적 사실을 받아들인 다음 이 모형과 그리스도교 신학의 상관관계를 보여 주었다. 혹은 해방신학에서는 마르크스주의 사회학의 연구 결과를 인간 공동체에 대한 과학적 사실을 밝혀낸 것으로 받아들인 다음 이 '과학적' 토대와 그리스도교 신학의 상관관계를 보여 주었

---

18 후기자유주의 신학에 대한 명쾌한 입문으로는 George Hunsinger, "Postliberal Theology," in *Cambridge Companion to Postmodern Theology*, pp. 42-57을 보라. 또한 Brian D. McLaren, *A Generous Orthodoxy* (El Cajon, CA: Emergent Youth Specialties: Grand Rapids: Zondervan, 2004), chap. 8을 보라. 『기독교를 생각한다』(청림출판).

19 *Introducing Radical Orthodoxy*, pp. 33-42에서 이 모형을 더 자세히 풀어냈다.

다. 모든 경우에, 상관관계 신학은 진지한 **변증적** 관심을 갖고 있다. 궁극적으로 그 목표는 주어진 문화에서 그리스도교를 이해할 만하게 혹은 합리적으로 만드는 것이다(비록 그것이 초문화적·중립적·객관적 이성을 전제로 작동하더라도 말이다). 하지만 이 과정에서, 그리스도교 계시의 특수성이나 고백 전통이 아니라 중립적으로 '주어진 것'으로 간주되는 과학, 경험 등이 우선시된다.[20]

그러나 상관관계 방법은 신학에만 해당하지 않는다. 우리는 교회의 실천에서도 이를 분명히 볼 수 있다. 실제로 현대 복음주의에 대한 가장 신랄한 비판 중 하나는 교회가 교회 된다는 것, 또는 더 낮게 말해 교회가 교회'한다는 것'의 의미 규준을 주변 문화에서 찾으라고 도전해 왔다. 따라서 구도자에 민감한 교회는 복음을 특정(주로 백인 중상층) 문화의 관점에서 번역하거나 그 문화와 상관관계를 찾으려고 노력해 왔으며, 심지어 이 문화적 기둥에 특정한 우선순위를 부여하기도 했다. 로버트 웨버가 "실용주의적 복음주의"[21]라고 유용하게 묘사하는 것은 매우 근대적인 수준에서 작동한다. 그리고 이머징 교회의 많은 사람이 바로 이 메가처치 패러다임, 교회 성장 패러

---

20   상관관계 신학을 전형적으로 대표하는 사람은 데이비드 트레이시(David Tracy)다. 그가 쓴 *Blessed Rage for Order: The New Pluralism in Theology* (Chicago: University of Chicago Press, 1996)와 *The Analogical Imagination: Christian Theology and the Culture of Pluralism* (New York: Herder & Herder, 1998)을 보라. 최근에 폭넓게 회복되고 있는 웨슬리의 사변형(신학의 '원천'으로 성경, 전통, 이성, 경험에 호소한다) 이면에도 동일한 상관관계 방법이 있다고 생각한다.

21   Webber, *The Younger Evangelicals: Facing the Challenges of the New World* (Grand Rapids: Baker, 2002), p. 41.

다임을 지배해 온 문화적 동화에 비판적이었다. 하지만 이머징 교회
에서는 포스트모던 교회를 만든다는 명목으로 다른 수단을 통해 이
상관관계를 지속한 것은 아닌지 의구심이 든다. 이것이 획일적 현상
은 아니지만, 이머징 논의에는 분명 근대 문화보다는 포스트모던 문
화와 연관지어 교회를 갱신하려는 흐름이 있다. 이머징을 두고 토론
하면서 더 성찰하는 사람들은 이런 흐름이 (근대) 실용주의적 복음
주의와 같은 점이 더 많으며 실제로는 실용주의적 복음주의가 확장
한 것에 불과하다고 본다. 하지만 성찰하는 이머징 사상가 가운데서
도 여전히 상관관계 입장을 유지하고 있음을 볼 수 있다. 교회가 탈
근대성과 '어울려야' 한다고 보는 관념이 남아 있는데, 탈근대성을
교회 고유의 사명을 회복시키는 촉매제로 삼기보다는 포스트모던
문화가 교회의 의제를 설정하도록 해야 한다는 것이다.[22]

---

22   나는 이머징 교회에 이렇게 잔존하는 상관주의가 적어도 부분적으로는 이머징 교회
의 신학 지도자 중 한 명인 스탠리 그렌츠(편히 쉬소서)의 상관주의에 기인한다고 생
각한다. 이는 내가 많은 빚을 지고 있는 책인 그의 *Revisioning Evangelical Theology*
(Downers Grove, IL: InterVarsity, 1993)에서 그가 웨슬리의 사변형에 공감하는 데서
알 수 있다. 『복음주의 재조명』(기독교문서선교회). (브라이언 D. 맥클라렌도 *A New
Kind of Christian: A Tale of Two Friends on a Spiritual Journey* [San Francisco:
Jossey-Bass, 2001], p. 55에서 웨슬리의 사변형에 호소한다.) 그렌트는 이 관심사에 주
의를 기울였다. 예를 들어, 교회론을 다룬 최근 기고문에서 그렌츠는 밀뱅크의 비판을
구체적으로 언급하면서 자신이 "공동체의 사회학적 토대주의"라 부르는 것을 분명하게
거부한다(Stanley Grenz, "Ecclesiology," in *Cambridge Companion to Postmodern
Theology*, p. 258을 보라). 그러나 초기 저작에서, 심지어 이 논문에서도 그의 방법에는
여전히 토대주의 혹은 상관관계 방법이 잔존해 있는 것 같다. 그렌츠의 응답과 함께 이
런 흐름을 다룬 논의를 보려면 Archie Spencer, "Culture, Community and Commit-
ments: Stanley J. Grenz on Theological Method," *Scottish Journal of Theology* 57
(2004): pp. 338‒360을 보라.

우리가 제대로 포스트모던적이려면 이 상관관계 모델에 의도적으로 저항해야 한다. 여기서 근원적 정통주의는 진단과 처방 모두에서 유익하다. 밀뱅크(Milbank)는 진단 차원에서 "근대 신학의 파토스는 거짓 겸손"이라고 지적한다.[23] 신학의 기초를 근대성이라는 조건에 내주고 신학 담론의 자리를 정하는 중립적 과학이라는 개념을 받아들인 근대 신학은 변증적이어야 했다. 그러나 "신학이 메타담론이라는 자신의 주장을 포기하면, 신학은 더 이상 창조자 하나님의 말씀을 명확히 말할 수 없고, 역사학이나 인본주의 심리학이나 초월철학처럼 유한한 우상의 신탁 같은 목소리로 변할 수밖에 없다. 신학이 더 이상 다른 담론의 위치를 정하거나 자격을 부여하거나 비판하지 않는다면, 불가피하게 이러한 담론들이 신학의 위치를 정할 것이다."[24] 그러나 데리다, 리오타르, 푸코의 포스트모던적 비판은 이른바 신학 담론의 비합리성을 위치 지을 수 있는 중립적인 과학적 담론이라는 이 신화의 정체를 드러냈다. 모든 담론과 학문은 사실상 궁극적으로 종교적인 헌신과 믿음에서 비롯된다. (자연 과학이든 사회 과학이든) 어떤 과학적 담론도 신학이 복종해야 하는 현실이라는 사실을 단순히 드러내 주지 않는다. 오히려 어떤 면에서 모든 담론은 종교적이다. 담론이 경쟁하는 장은 대등하다. 신학은 잔존하는 상관관계적 거짓 겸손을 거부하고 그 대신 그

---

23   John Milbank, *Theology and Social Theory: Beyond Secular Reason* (Oxford: Blackwell, 1990), p. 1.

24   같은 곳.

리스도교 계시의 수위성과 교회의 고백 언어를 비변증적으로 말할 때 가장 집요하게 포스트모던적이다. 그러므로 근원적 정통주의는 데리다의 종교적 회의주의보다 더 제대로 포스트모던적이다. 바로 이 상황을 포용하기 때문이다. 정말로 근원적 정통주의는 "근대 신학의 파토스를 극복하고 포스트모던 측면에서 메타담론으로서 신학의 가능성을 회복하려 한다."[25]

신학과 관련한 상관관계를 거부하는 것은 교회의 실천, 예배, 제자도에 대한 우리의 이해에도 해당되어야 한다. 근대 신학의 파토스가 거짓 겸손이라면, 포스트모던 그리스도교의 실천과 이머징 교회의 집요한 파토스는 거짓 겸손이 계속되는 것일지도 모른다. 그리스도교 신학이 그리스도와 성경에 담긴 하나님의 계시의 수위성으로부터 나아가야 한다면, 그리스도교의 예배와 제자도를 실천하는 일도 마찬가지로 그렇게 해야 한다. 교회가 된다는 것이 무엇을 의미하는지에 대한 우리의 이해는 포스트모던 문화가 필요로 하거나 찾고 있는 것이 (전혀) 아니라 계시의 수위성과 그리스도교 전통에 의해 형성되어야 한다. 근원적으로 정통적인 교회 실천은 환대라는 중심 추동력을 포기하지 않으면서도 적절성(relevance)이라는 상관관계적 우상을 거부할 것이다. 〈웨일 라이더〉의 경우에서 볼 수 있듯, 공동체가 근대성에 항복하는 일은 재앙을 불러올 뿐이다. 근대성을 지지하며 전통을 거부하는 것은 그 자체로 실패라는 게

---

25   같은 곳.

드러났다. 그러나 근대성과의 타협을 중개하는 것—근대성의 교리와 근대인에게 '적합한' 얇은 신앙 전통 유형의 상관관계를 찾아내는 것—도 해결책은 아니었다. (상관관계는 근대성이든 탈근대성이든 언제나 문화에 특권을 부여한다.) 오히려 치유와 공동의 온전함은 공동체가 전통을 가장 중시하는 위험을 감수할 때—공동체가 신앙 이야기에 우선순위를 부여하고, 근대성(혹은 탈근대성)에 대응하고 이를 전유하는 일의 위치를 그 이야기가 정할 때—발견할 수 있었다.[26] 이는 단순히 과거로 돌아가는 게 아니었다. 포스트모던 맥락에서 전통을 다르게 반복하는 것이었다. 옛길로 돌아가는 향수, 낭만이 아니었다. 포스트모던 문화를 **위한** 전통의 창조적 복원이었다. 결국 족장의 카리스마는 예기치 않게 소녀에게로 성육신했다.

전통 회복하기: 역사를 진지하게 다루기

나는 근원적 정통주의에 의해 분명히 표현된 더 집요한 포스트모더니즘은 성육신을 우선 긍정하는 데서 시작한다고 제안했다. 이전 장에서는 우리의 신학과 실천이 근본적으로 성육신적이려면 신학과 실천이 그리스도교의 교의, 신앙고백, 교회적 실천의 특수성을 다시 긍정하게 하는 촉매제가 되어야 한다고 주장했다. 이 성육신

---

26   이는 와카(전쟁용 카누)를 완성하여 진수하는 데 근대의 기술과 도구를 사용한 방식으로 구현될 수 있다. 중요한 것은 와카에 싸인 정체성이었다.

의 논리를 포스트모던 세계에서 그리스도교의 예배와 제자도에 중요한 두 영역으로 확장하고 싶다. 첫째, 이번 절에서는 성육신이 시간과 역사에 대한 깊은 긍정을 수반해야 하며 이는 (포스트모던 방식이라 하더라도) 공교회적(catholic[보편적])이고 전통적인 교회 실천으로 옮겨져야 한다고 제안한다. 다음 절에서는 예전 및 예술에 대한 긍정과 장소 및 지역 공동체에 대한 헌신이라는 두 축을 따라 공간에 대한 성육신적 긍정에 담긴 함의를 살펴본다.

먼저 시간에 대해 생각해 보자. 근대성은 모든 시간에, 모든 장소에, 모든 사람에게 적용되는 보편적·비역사적 원리와 진리를 추구하면서 시간을 초월하려 했다는 점에서 중요한 의미가 있다. 비역사성을 향한 이 보편적 경향은 일군의 특정한 실천을 합리적이고 보편적인 것으로 보도록 식민주의적으로 강요하는 결과로 이어졌는데, 이는 실제로 매우 결정적인 역사학과 지리학이 맺은 결실이었다. 이 점에서 근대성은, 이데아―근대성이 정말로 관심을 두는 생각―가 영원하고 불변하며 시간과 관계없는 형상의 영역에서 통용된다고 여기는 전통적 플라톤주의의 부활을 의미한다.[27] 다시 말

---

[27] 여기서 내가 언급하는 '플라톤주의'는 플라톤을 이원론자로 보는 전통적 이해라는 점을 명확히 해 둔다. 사실, 근원적 정통주의에서는 긍정적인 방식, 이원론적이지 않은 방식으로 상당히 다른 플라톤을 되찾으려 한다. 여기서 내가 근대적 그리스도교의 이원론이나 '플라톤주의'를 비판하더라도, 이는 근원적 정통주의가 플라톤주의 자체에 비판적이라고 말하는 게 아니다. 이 쟁점을 다룬 논의는 내가 쓴 장인 "Will the Real Plato Please Stand Up?: Participation versus Incarnation," in *Radical Orthodoxy and the Reformed Tradition*, ed. James K. A. Smith and James H. Olthuis (Grand Rapids: Baker, 2005), pp. 61–72를 보라. 이 긴장을 언급해 준 조프 홀스클로에게 감사를 전한다.

해, 이데아를 파악하는 것은 시간을 초월하는 일이었으며, 정말 중요하게 여겨지는 그 이데아는 시간이나 변화의 제약을 받지 않았다. 실제로 몸과 물질의 영역—생성과 소멸의 영역—은 시간, 역사, 변화의 영역이기도 했다. 따라서 몸과 분리된 데카르트적 '생각하는 사물'에 의해 시작된 근대성이 몸과 시간의 세계와 양가적 관계를 맺게 된 것은 놀랍지 않다. 역사는 잠재적 가능성이 물질로 펼쳐지는 장으로 긍정되기보다는 오히려 정복하고 초월해야 할 대상이었다. 예를 들어, 칸트에게 제대로 된 윤리나 선은 시간이나 장소라는 개별적인 우연성과 아무런 관계가 없다.

교회의 신학은 다양한 방식으로 이 비역사주의를 가져왔다. 더 자유주의적인, 칸트 이후의 궤적에서는 그리스도교 신앙의 역사적 특수성은 보편적이고 무조건적인 비시간적 도덕적 가르침으로 축소되었다. 따라서 예수의 가르침은 칸트의 정언 명령과 같은 것—특정 공동체와 관련한 일군의 구체적 실천이 아니라 이성에 기반한 보편 윤리—으로 드러났다. 자유주의 그리스도교는 그리스도교를 보편적이고 이성적인 도덕적 가르침의 진수로 환원함으로써 비역사주의가 자라나게 했다. 더 보수적인, 복음주의적인 궤적(여기서 종교개혁이 전적으로 무죄하지는 않다)에서는 그리스도인들이 예수 그리스도의 탄생, 생애, 죽음, 부활이라는 그리스도교 사건의 역사적 특수성을 단순히 버릴 수는 없다고 생각되었다. 하지만 물질의 역사에 대한 유사-플라톤주의적, 유사-영지주의적 거부가 여전히 남아 있었기 때문에, 복음주의는 순수한 비역사주의로 넘어가지는 않았지만 우리가 원시주의(primitivism)라 부를 수 있는 변형된 비역사주의가 지배하게 되었다. 원시주의는 역사(그리스도의 생애와 대개 사도들이 활동한 첫 1세기) 속 하나님의 행동에 대한 헌신을 최소한으로 유지하고서[28] 이 1세기 '신약 교회'만을 현대의 실천을 위한 규범으로 삼으려 한다.[29] 이는 대개 성경과 전통을 엄격하게 구분함으로써 분명히 표현된다(전통은 대개 '하나님이 주신' 성경의 실재와 반대되는 '인간의 전통'이라고 혹평을 당한다).[30] 따라서 이런 원시주의는 반(反)신조적이고 반(反)공교회적인 것으로, 1세기에서 21세기 사이에 교회에서 전개한 것이 현재의 신앙과 실천에 규범이 된다는 점을 전적으로 거부한다(여기서 정경 형성에 관한 문제는 흥미로운 예외다). 시간을 가로지르고 전 세계를 아우르면서 교회를 묶는 에큐메니컬 신경과 신앙고백—사도 신경이나 니케아 신경 같은—은 자율성 혹은 심지어 고립에 대한 감각을 강요하는 원시주의 예배 실천에서는 '살아 있지' 않다. 동시에 원시주의자는 1세기 사도적 실천과 직접 연

---

28 원시주의자들이 몇 세기 후에 결정된 성경 정경의 형태를 받아들인다는 점은 이 규칙에 대한 얄궂은 작은 예외다.

29 플리머스 형제단 전통(내가 그리스도교 신앙으로 회심한 전통)에서 이 점이 가장 철저하게 드러나는 것 같지만, 이 입장은 전형적인 침례교 입장이다. 하지만 오순절 그리스도교도 같은 원리로 작동하는 경향이 있다. 이 모든 흐름이 지역 회중의 자율성을 강조하는 것은 우연이 아니다.

30 전형적인 복음주의자가 지닌 이 틀에 대한 명쾌한 비판은 F. F. Bruce, "Scripture and Tradition in the New Testament," in *Holy Book and Holy Tradition*, ed. F. F. Bruce and E. G. Rupp (Manchester: Manchester University Press, 1968)를 보라. 여기서 브루스는 신약성경 자체가 해석 전통을 구성한다고 주장한다.

결되어 있다고 주장한다.[31]

내가 제안하는 바는, 이러한 반(反)공교회적 무신론은 성육신의 논리에 대한, 또한 창조—그리고 이에 수반되는 체화, 변화, 시간, 역사, 따라서 전통—의 선함을 긍정하는 것에 대한 근대적 반감을 흡수한 데서 비롯되었다는 것이다. 창조의 선함[32](창 1:31)을 긍정하는 것은 시간의 선함, 시간이 역사 속에서 펼쳐지는 것, 이 과정의 결실인 전통을 긍정하는 것이다. 존 밀뱅크의 말처럼, 하나님께 '참여'하는 것은 물질적 창조만이 아니다. 인간의 포이에시스(*poiēsis*), 즉 '제작'도 하나님의 초월에 참여하는 일종의 공동 창조다. 다시 말해, 인간의 문화 제작은 성령의 계속되는 활동과 계시가 펼쳐지는 장이다.[33]

이머징 교회는 실용주의적 복음주의의 반(反)성육신적인 신학과 실천을 당연히 거부하지만, 근대성의 비역사주의 같은 것이나 복음주의판 비역사주의인 원시주의를 유지하고 있는 것은 아닌지 궁금

---

31 원시주의는 이런 복음주의 전통에 교리의 새바람을 일으킨다. 그 핵심은 이런 새 교리가 1세기의, 원시적인 기원을 주장한다는 것이다. 예를 들어, 근원적으로 새로운 세대주의 종말론은 전통의 보증이 아니라 성경의 보증을 주장했기 때문에 불과 반세기 만에 지배적 정통이 될 수 있었다. 관련 논의는 Larry V. Crutchfield, *The Origins of Dispensationalism: The Darby Factor* (Lanham, MD: University Press of America, 1992)를 보라.

32 성육신은 시간과 공간의 선함을 다시 긍정하는 것이다.

33 밀뱅크는 이렇게 명시한다. "나는 항상 참여가 언어, 역사, 문화, 즉 인간이 만들어 낸 모든 영역으로 확장될 수 있다고 제안하려 해 왔다. 존재와 지식이 존재하시고 이해하시는 하나님께 참여할 뿐만 아니라, 인간이 만드는 것이 무한한 시적 발화, 즉 삼위일체의 두 번째 위격인 하나님께 참여한다"(John Milbank, Being Reconciled [London: Routledge, 2003], p. ix).

하다. 우리는 포스트모던 그리스도교라는 이름으로 다음과 같은 의
견을 종종 듣는다. 예수는 믿되 그리스도교는 믿지 말자, 전통이 복
음서에 나타난 예수의 근원적 메시지를 왜곡하게 하지 말자, 복음
의 타협할 수 없는 본질을 전통과 분리해 내자. 아이러니하게도, 문
제시되는 전통은 대개 실용주의적 복음주의에서 만든 농간이다. 이
런 주장은 때때로 신학 개념을 규제하는 원칙으로 표현된다. 즉, 신
학 개념이 성경에 없다면 이는 규범성을 결여한 것이다.[34] 이는 또
한 제도적 위계질서가 그어 놓은 규범적 고백의 경계를 거부하는
이머징 교회 내에서 지속되는 비교파주의, 심지어 반교파주의를 뒷
받침한다. 이는 앞서 관찰한, 이머징 교회에 잔존해 있는 자율성 긍
정과 관련이 있다. 우리는 시간의 축을 따라, 시간, 역사, 전통에 대
한 잔존하는, 반성육신적인 거부를 본다.

  근원적 정통주의에서는 역사에 대한 성육신적 긍정을 분명히 표
현하며, 이는 이머징 교회가 잠재된 원시주의에서 벗어나 성육신
에 대한 헌신을 통해 사고하는 데 도움이 될 수 있다. 캐서린 픽스
톡(Catherine Pickstock)이 선언하듯, "근원적 정통주의 관점의 가장
핵심적인 목표 중 하나는 현실에 대한 우리의 이해에 시간과 체화

---

34 예를 들어, 맥클라렌은 *A Generous Orthodoxy* (El Cajon, CA: Emergent Youth Spe-
cialties; Grand Rapids: Zondervan, 2004), p. 87에서 전통을 건전하게 긍정하고 있
음에도 종종 다음과 같은 관찰을 한다. "서구 그리스도교의 많은 부분에서 창조(성경의
용어) 교리는 타락(성경의 용어가 아니다) 교리에게 산 채로 잡아먹혔다"(p. 234). 이
런 구분을 이해하지만, 철저한 성육신 신학에서는 이 구분에 논쟁의 여지가 있다고 생
각할 것이다.

를 회복하는 것"이기 때문이다.[35] 이렇게 더 성육신적인 설명에 따르면, 시간은 "향수(nostalgia)라는 도구를 사용하여 슬퍼하거나 피해야 할 대상이 아니라 오히려 그 **자체가** 우리의 가능성의 조건이다."[36] 우리가 유한하고 시간적인(temporal) 피조물로 창조되었다면, 시간은 이를테면 우리가 호흡하는 선한 창조적 공기의 일부다. "시간의 변화는 실제로 우리를 규정하는 것이다."[37] 인간이 된다는 것은 시간적이라는 것이다. 시간적이라는 것은 전통적이라는 것, 즉 우리는 사회적 혹은 공동적 방식으로 항상 그리고 오직 시간적일 뿐이라는 말이다.[38]

그러나 이것은 전통**주의**가 아니다. 시간, 역사, 전통을 긍정하는 것은 전통주의의 향수를 불러일으키는 일정하고 정적인 과거라는 관념을 거부한다. 오히려 픽스톡은 시간을 고대-미래적으로 긍정하기를 강조한다. 우리를 구성하는 것은 "미래에 의한 일인 만큼이나 과거에 의한 일이다. 어떤 시간 좌표도―과거든 현재든 미래든―최고의 영향력을 행사할 수 없다."[39] 그녀가 결론 내리길, 이 "시

---

35   Pickstock, "Radical Orthodoxy and the Mediations of Time," in *Radical Orthodoxy? A Catholic Enquiry*, ed. Laurence Paul Hemming (Aldershot: Ashgate, 2000), p. 64.

36   같은 곳.

37   같은 곳.

38   피조물성의 필수적 측면으로서 전통성에 대한 더 자세한 내용은 James K. A. Smith, *The Fall of Interpretation: Philosophical Foundations for a Creational Hermeneutic* (Downers Grove, IL: InterVarsity, 2000), pp. 152-157을 보라.

39   Pickstock, "Radical Orthodoxy and the Mediations of Time," p. 64.

간과의 기이한 관계는 우리를 자유주의자와 보수주의자 모두에게서 멀어지게 하는데, 둘 모두 신학이나 하나님 개념을 들어 기존의 가치를—보수주의자는 전통이라는 물신을, 자유주의자는 시대를 초월한 인본주의적 가치를—뒷받침하는 경향이 있기 때문이다. 이런 입장에 반대하여, [근원적 정통주의에서는] 미리 정해진 것은 없음을 강조하기를 선호한다. 모든 것은 결코 끝나지 않는 작업이며, 이 작업은 시간의 틈새에 보이지 않게 놓여 있는 것을 드러내기 때문이다."[40] 근대성의 문제점은 시간을 억압하는 것이며, 이렇게 시간을 억압하는 것은 자유주의적 비역사주의와 보수 복음주의의 비역사주의 유형인 원시주의 양쪽 모두에서 볼 수 있다. 둘 모두와 달리 근원적 정통주의에서는 성령이 드러나는 성육신의 장인 시간을 긍정하며, 따라서 시간이 전통으로 체화됨에 따라 시간의 열매를 진지하게 받아들인다. 이는 전통을 물신으로 삼는 게 아니라, 시간이 하나님의 계속되는 계시를 위한 매개임을 인식하고 우리보다 앞선 특정한 권위와 규범성을 인정하는 것이다.

이렇게 시간과 전통을 긍정하는 것에 대한 설명을 약칭으로 표현하면 간단하다. 이것이 바로 공교회적 신앙이다. 교회가 포스트모던적이려면 공교회적이어야 한다. 처음 보면 이것은 직관에 반하는 것 같다. 그러나 이머징 교회가 반발하는 대상은 종파주의(sectarianism)에 대한 깊은, 상처 입은 경험이다. 이를 치료할 해독제는 관대

40　같은 글, p. 65.

한 정통과 건강한 공교회성이다. 창발적(emergent)이려면 공교회적
이어야 한다.

복음주의 전통이 지극히 종파적·지역적·논쟁적인 형태로 형성될
수 있다는 것은 비밀이 아니다.[41] 그러나 복음주의 신앙이 그런 특
성을 갖게 한 원인을 진단해 보면 공통 원인을 발견할 수 있다. 바로
기억 상실이다. 특히, 이런 종파주의 유형의 복음주의 정체성은 스
스로를 비교적 새로운 발명품으로, 즉—이미 언급한 원시주의 논리
에 따르면—'참된' 신앙과 '신약 교회 원리'의 새로운 회복으로 보는
경향이 있다. 복음주의적인 신앙과 실천에 대한 가장 논쟁적이고 분
열적인 변형들은 원시주의와 시간적 교만(temporal hubris)이 역설
적으로 섞여 나타나는 경향이 있다. 그것들은 한편으로 하늘에서 뚝
떨어진 듯한 분위기를 풍기지만, 다른 한편으로 유일하게 진정한 유
형의 바울 그리스도교를 우리에게 제공한다고 주장한다. 진리 회복
이라는 관념을 내세우지만, 복음주의 전통의 이런 논쟁적 요소를 특
징짓는 것은 심각한 망각이다. 이러한 유형의 그리스도교는 '공교회
적'이기보다는 '거룩'하고 '사도적'으로 되는 데—마치 두 특성이 분
리될 수 있기라도 한 듯—더 관심이 있다고 말할 수 있을 것이다.

그보다 훨씬 앞서 5세기 초에 아우구스티누스는 또 다른 유형
의 종파주의—도나투스주의—와 씨름했는데, 이 종파주의 역시

---

[41]   20세기 미국 개혁주의 전통에서 이를 다룬 포괄적이고 충격적인 설명은 John M.
Frame, "Machen's Warrior Children," in *Alister E. McGrath and Evangelical Theol-
ogy: A Dynamic Engagement*, ed. Sung Wook Chung (Carlisle: Paternoster; Grand
Rapids: Baker, 2003), pp. 113-146을 보라.

기억 상실을 겪는 경향이 있었다. 따라서 아우구스티누스는 교구민들에게 이 문제를 목회적으로 다룰 때 기억하기를 주장했다. 특히 그는 이렇게 당부했다. "기억하십시오. 여러분은 공교회인입니다"(설교 52). 이머징 교회는 오늘날 동일한 권고를 들을 수 있다. 아우구스티누스의 권고를 명심한다면, 이머징 교회는 뜻밖의 장소에서 자원을 발견할 수 있을 것이다. 바로 교황 전기 작가 조지 와이글(George Weigel)의 『젊은 가톨릭교인에게 보내는 편지』(*Letters to a Young Catholic*)에서다.

공교회인이 되라는 권고가 복음주의자들을 잠시 멈추게 한다는 것은 그러한 권면이 왜 그토록 중요한지 보여 주는 증거다. (나는 복음주의 교회에 다녔는데, 거기서는 단지 상황을 바르게 하기 위해 회중이 신경을 암송할 때 신경을 스크린에 비춰서 우리가 "거룩한 보편 교회"를 고백하게 한다.) 고백적 교회조차도 일종의 일반적인 복음주의적 실용주의나 미국식 시민 신학이나 주류 자유주의에 의해 잠식당하는 시대에, 와이글의 『편지』는 우리의 공교회성을 기억하라는 아우구스티누스의 도전을 상기시키는 것으로 받아들여져야 한다. 우리가 누구인지 ─하나의 거룩하고 공교회적인 사도적 교회의 구성원인 예수의 제자─기억하는 일은 복음주의 전통의 분열적이고 논쟁적인 요소를 치료할 강력한 해독제이며, **반정립**의 감각, 즉 와이글이 "가톨릭적 차이"(the catholic difference)[42]라고 묘사한 감각을 되살려 낼 것이다.

---

[42]   George Weigel, *Letters to a Young Catholic* (New York: Basic Books, 2004), p. 9.

복음주의자들—특히 '이머징' 복음주의자들—이 이 편지의 수신자가 자신이라고 상상하는 일은 극히 어려울 것이다. 정체성의 다양한 변화와 역사적 요인 때문에 우리는 '가톨릭교인'을 대상으로 한 책의 독자가 우리라는 생각을 즉시 하지 않을 수도 있다. 그러나 우리의 신경이 하나의 거룩한 공교회라는 고백을 포함하는 한, 와이글이 말한 내용은 그리스도교의 신앙과 실천의 핵심이다. 우리는 종종 '가톨릭'이라는 용어를 어떤 그리스도인 집단을 다른 그리스도인 집단과 구분하는 방식으로 사용하지만, 와이글이 말하는 '가톨릭 신앙'은 하나님의 백성을 현대 세계의 세속적이고 이교적인 신앙과 구별하는 신앙을 의미한다. 여기서 논쟁이 있다면, 이는 다른 그리스도인(와이글은 개신교를 악마화하지 않는다)이 아니라 그리스도교 신앙의 가장 매혹적인 적인 세속주의, 자연주의, 자유주의를 겨냥한 것이다. 와이글이 "가톨릭적 차이"라는 표현을 쓸 때, 그는 로마 가톨릭을 장로교와 구분하는 게 아니라 하나님의 백성을 독특한 백성이자 거룩한 나라로 구별하는 것이 무엇인지 설명하는 것이다. 실제로 와이글은 볼티모어에서 보낸 어린 시절에 가톨릭 게토(ghetto)를 떠올리면서 게토의 개념을 새롭게 정의하고 싶어 한다. 그가 결론 짓기를, "가장 게토화된 사람은 자신이 특정한 시간과 장소와 문화에서 자랐다는 사실을 모르는 사람, 특정한 현실과 공동체를 벗어나 보편적 진리에 도달할 수 있다고 생각하는 사람이다."[43] 나의

43   같은 곳.

네덜란드 친구 몇 명이 하임 포톡(Chaim Potok)의 소설에 나오는 하시디즘 공동체 이야기에 끌린 것처럼, 와이글은 "가톨릭적 차이"로 구성된 공동체가 힘을 주는 게토로 기능한다는—그들 나름의 어려움과 도전을 안고 있긴 하지만—감각을 우리에게 제공한다. 그는 이렇게 제안한다. "진짜 질문은 당신이 게토에서 자랐는지 그렇지 않은지가 아니라, 특정 게토의 사상과 관습과 리듬이 당신의 뿌리를 잃지 않으면서도 다른 사상과 관습과 삶의 경험에 참여할 수 있도록 준비시켜 주는지 그렇지 않은지다."[44]

물론 동일하게 "가톨릭적 차이"로 특징지어지는 독특한 사람들 역시 초국가적이고 지속적인 공동체를 이루고 있다. 그래서 와이글이 그의 젊은 대화 상대자에게 가톨릭 신앙을 소개하기 위한 전략은, 가톨릭 신앙의 모범이 되는 사람들이 살고 있는 가톨릭 지역들을 둘러보는 세계 여행을 하는 것이다. 와이글은 이 책에서 자신이 어린 시절을 보낸 볼티모어 게토에서 시작해, 로마의 성 베드로 대성당, 런던에서 체스터턴(Chesterton)이 드나들던 술집, 시나이산에 있는 성 카타리나 수도원, 버밍엄의 뉴먼(Newman) 추기경에게 집이었던 오라토리오회, 몇몇 폴란드 명소 중 하나인 크라쿠프의 성삼위일체 바실리카 같은 장소를 소개하며 우리를 '편지 여행'에 데려간다. (신기하게도 북반구에 속하지 않은 지역은 이 여행에 없다. 실제로 이 책에서 남미와 아프리카 대륙은 언급되지 않았다.) 그 결과 "가톨릭적

---

44 같은 곳.

차이"를 구성하는 핵심 주제와 확언, 즉 "근본적으로 세계를 보는 방식"[45]에 대한 풍부한 개요가 완성되었다. 카이퍼주의자를 위한 면죄부를 발행해 준다면, 나는 와이글을 그리스도교 세계관과 그리스도교 인생관에 대한 명쾌한 설명을 제공하는 사람으로 받아들인다. 내가 정말로 이 책을 우리의 공교회성을 훌륭하게 상기시키는 책이라고 생각하는 이유는—이 책을 내가 공교회적이라는 사실을 기억하라는 아우구스티누스의 권고로 받아들이는 이유는—와이글이 우리가 전통적으로 개혁주의 세계관의 일부라고 여기는 핵심 주제를 궁극적으로 **공교회적**(catholic) 그리스도교에서 찾아내는 데 도움을 준다는 것이다. 그가 언급하길, "가톨릭주의(Catholicism)는 믿음의 몸체이자 삶의 방식이지만 **또한 사물을 보는 방식, 현실에 대한 독특한 인지인 눈이기도 하다.**"[46] 그리고 가톨릭주의의 눈이 지닌 핵심 특징 중 하나는 전통을 강조하는 것이다. 가톨릭 신앙은 낭만주의에, 그뿐만 아니라 1968년 이전의 모든 것을 무시하는 시간적 교만에 저항하는 기억의 공동체를 구성한다. 와이글은 "그리스도교적 사고는 모든 역사적 시대의 지혜와 통찰력을 사용하는

---

45   같은 곳.

46   같은 책, p. 10. 이 표현은 근원적 정통주의와 겹치는 면이 있음을 암시한다. 실제로 와이글은 플래너리 오코너(Flannery O'Connor)의 작품이 '정중한 허무주의'의 단조로움에 반대하는 방식을 보여 주면서 이렇게 말한다. "메리 매카시가 옳았고 성만찬이 그리스도를 단지 어떤 마술처럼 재현한다면, 플래너리 오코너가 '글쎄, 그게 상징이라면 그냥 없어져야지'라고 중얼거렸을 때 그녀는 완전히, 철저하게, 근원적으로 정통적이었다"(p. 16).

시간의 에큐메니즘을 받아들여야 한다"고 제안한다.[47] 다시 말해, 가톨릭주의는 체스터턴이 말한 "죽은 자들의 민주주의"인데, 이는 "모든 계급 가운데 가장 눈에 띄지 않는 이들인 우리 조상들에게 투표권을 주는 것을 의미하는" 전통을 긍정하기 때문이다.[48] 뉴먼이 종교에서의 자유주의라고 묘사한 것을 공교회적 그리스도교가 비판하는 것은 바로 이 시간의 에큐메니즘 때문이다.[49] 포스트모던 영성이라는 이름으로 우리가 얻고 있는 것이 '자유주의'에 더 가까울지도 모를 시대에, 뉴먼의 목소리와 비판은 고백 전통—와이글이 말해 온 "가톨릭적 차이" 혹은 "대항문화적 가톨릭주의"—의 더 반정립적인 면을 회복하는 데 도움이 될 수 있다.

더 집요한 포스트모던 교회는 근원적으로 성육신적이어야 한다. 그리고 성육신을 긍정하는 것은 공간과 시간 모두에서 특수성이라는 스캔들을 긍정하는 것이다. 이를 위해서는 미래의 종말론적 희망을 기대하면서 우리가 우리의 전통에 의해 구성된다는 건강한 감각이 필요하다. 포스트모던 교회는 살아 있는 전통의 실천과 언어를 통해 다가오는 왕국을 지향하는 독특한 백성이 됨으로써 현대 세대에 증언하는 증인이 될 것이다.[50] 포스트모던 교회는 고래

---

47   같은 책, p. 80.

48   같은 책, p. 92.

49   같은 책, Letter 5.

50   포스트모던 문화에서 고대의 언어를 말할 가능성에 관해서는 Marva Dawn, *Talking the Walk: Letting Christian Language Live Again* (Grand Rapids: Brazos, 2005)을 보라. 『언어의 영성』(좋은씨앗).

타기를 배우는 위험을 감수해야 한다.

몸을 새롭게 하기: 공간, 장소, 성육신

성육신을 근원적으로 긍정하는 것은 시간(또한 역사와 전통)뿐만 아니라 공간도 긍정하는 것을 의미한다. 즉, 데카르트가 연장된 것이라고 묘사하고 나서 빠르게 평가 절하된 물질―몸, 건물, 수프 그릇―의 선함을 긍정하는 일을 수반해야 한다. ('생각하는 사물'은 절대 배고프지 않다.) 시간처럼 하나님의 선한 창조의 물질성은 근대성이 억압하려 했던 것이다. 그리고 모더니스트의, 근본주의자의 예배와 영성은 이를 반영했다. 복음주의 예배는 그리스도교 진리의 '체계'를 구성하는 사상을 전달하기 위한 교훈적 설교에 초점을 맞춤으로써 해설자(talking-head) 그리스도교를 육성해 왔다. 이 해설자 그리스도교는 데카르트적 근대성의 '생각하는 사물'과는 잘 부합하지만 하나님이 아담과 하와를 건장하고 육체적이며 공동체적인 존재로 창조하셨다는 점과는 부합하지 않는다. 복음주의 예배의 성상파괴주의와 의례 공포증은 근대 과학의 내재주의(immanentism)가 우리에게 물려준 탈주술화된 세계와 직접적 관련이 있다.

따라서 여기서 우리가 어떤 면에서 포스트모던적이 되려면 고대의 의례와 실천이 지닌 요소를 회복해야 하는데, 우리의 육체성을 존중하는 것이 바로 예전이기 때문이다. 그러나 이는 단순히 전통주의자가 내리는 결정이 아니다. 이는 우리가 세계를 생각하는 방식과 인간이 된다는 것의 의미에서 비롯된다. 다시 말해 예전을, 또한 예배의 미학을 성육신적으로 긍정하는 것은 성육신적 존재론(실재의 본성에 대한 설명)과 통전적 인간학(인간이 된다는 것의 의미에 대한 설명)의 결실이다.[51] 인간 인격을 '생각하는 사물'로 그리는 환원주의적 데카르트주의에 저항하려면(또한 인간 인격을 단순히 소비하는 사물 혹은 생물학적 사물로 보는 다른 환원주의적 설명에 저항하려면) 성경 안에 나타나 있고 아우구스티누스적 공교회 전통에서 풀어낸 통전적 인간학을 회복해야 한다. 성육신적 인간학은 인간 인격이 물질적이라는 것을, 즉 우리는 단지 살과 피 안에 거하는 게 아니라 우리가 **바로** 살과 피라는 사실을 긍정하는 데서 출발한다. 체화된다는 것은 인간 피조물이기 위한 본질적 특징이다. 따라서 우리는 생각이라는 말로 정의되지 않는다. 우리는 주로 정서적인 존재다. 즉, 인격의 중심은 지성이 아니라 마음이다. (이는 우리가 비합리적이라는 말이 아니라, 다만 합리성[지성]이 아우구스티누스가 말한 "사랑의 올바른 질서"―마음의 방향―와 관련되어 있다는 말이다.) 파스칼이 "마음에는 이성이 모르는 이유가 있다"라는 유명한 말을 남길 때, 그는 정서적이고 체화된 세계-내-존재의 수위성을 주장하려 했다. 이 통전적 인간학(혹은 인간 인격에 대한 설명)은 근대성의 환원주의를 거부하기에 정확하게 포스트모던적이지만, 근대 이전의 성경적 세계관의 핵심

---

51   내가 쓴 *Introducing Radical Orthodoxy*, pp. 223–229에서 이 연관성을 더 자세히 풀어냈다.

통찰을 분명하게 회복한다.

근원적 정통주의 세계관은 이렇게 근본적으로 체화, 물질성, 정서를 긍정하기 때문에 근본적으로 성례전적이다. 이 세계관에서는 물질적 몸의 선함뿐만 아니라 물질의 전체 영역이 계시적 잠재력을 지니고 있다는 점도 긍정한다. 그리고 이것이 시간과 전통에 대한 성육신적 긍정과 결합할 때, 근원적으로 정통적인 비전은 교회의 전통, 의례, 예전의 여러 측면에 대해 성례전성(sacramentality)을 지닌 특별한 양식을 주장한다.

조지 와이글이 가톨릭의 눈은 **성례전적 상상력**에 의해 움직인다고 말할 때, 그도 같은 지점에 도달한다. (다시 말하지만, 나는 포스트모던이 되는 가장 좋은 방법이 근대 이전으로 가는 것이라고, 창발적이려면 공교회적이어야 한다고 제안한다.) 와이글은 이 성례전적 상상력이 G. K. 체스터턴이 오랫동안 자주 드나들던 런던의 체셔 치즈 펍에서 펼쳐진다고 본다. 거기서 우리는 음식과 에일이라는 매우 물질적인 축복을 즐기는 둥실둥실한 변증가를 발견한다. 와이글의 말처럼, 체스터턴이 물질세계를 즐기는 모습은 "**물질이 중요하다는** 가톨릭의 근본 신념"을 보여 준다. 실제로 와이글은 세계에 대한 공교회적 설명만이 물질성을 정말로 긍정할 수 있다는, 근원적으로 정통적인 주장을 제기한다. "가톨릭주의는 자신이 세속적이라고 생각하는 사람들보다 세계와 세계의 사물을 훨씬 더 진지하게 받아들인다."[52] 그는

---

52   Weigel, *Letters to a Young Catholic*, p. 86.

근본주의자와 이른바 유물론자 모두 **영지주의적 상상력**에 동의하고 있으며, 성육신이라는 역설을 긍정하는 사람만이 성례전적 상상력으로 세계를 볼 수 있다고 주장한다.[53]

우리는 제라드 맨리 홉킨스(Gerald Manley Hopkins)의 시에서, 또한 에벌린 워(Evelyn Waugh)의 『다시 찾은 브라이즈헤드』(*Brideshead Revisited*, 민음사 역간)에 나오는 거의 성례전적인(혹은 마법적인) 사랑의 사다리에서 물질에 대한 동일한 긍정을 발견한다.[54] 그리고 순례하고 숭배하는 장소에서 볼 수 있듯, 우리가 역사를 진지하게 받아들이도록 만드는 것은 궁극적으로 피조된 물질에 대한 긍정이다. 성 베드로 대성당 아래의 스카비(발굴지)에 대해 설명하면서 와이글은 이렇게 말한다. "스카비와 오벨리스크—성 베드로 대성당에 여전히 있으며 베드로가 이 세상에서 가장 마지막으로 보았을지도 모르는 것—는 가톨릭주의의 역사적 실감성(tangibility), 순전한 굳건함을 마주하게 한다." 가톨릭 신앙의 토대는 우리가 만질 수 있는 것이다.[55]

가톨릭주의는 내세적 이데올로기처럼 보일 수 있지만, 와이글은 역설적으로 가톨릭 신앙만이 세계를 정말로 긍정할 수 있다고—또한 근대의 유물론자와 자연주의자는 실제로 세계를 납작하게 만들어 무(그리고 그에 따르는 허무주의)로 환원한다고—주장한다. 이 점은 근원적 정통주의에서 '참여의 존재론'(participatory ontology)이라

---

53   같은 책, pp. 87, 94.
54   같은 책, pp. 98-100, 101-114.
55   같은 책, pp. 26-27.

고 설명하는 것에 나타나 있다. 참여의 존재론은 세계가 하나님께 '참여한다'는 것을 알 때에만 피조물인 세계의 본성을 제대로 이해할 수 있다는 감각이다. 혹은 이 관점을 옹호하는 사람들에 따르면, 창조는 신적인 것에 '매달려' 있다. 세계의 물질적인 것은 비물질적인, 보이지 않는 하나님께 '매달려' 있으며, 그분 안에서 "우리가 살며 기동하며 존재한다"(행 17:28). 이 물질의 매달림이 이를테면 물질에 깊이를 더한다. 물질을 더욱 물질적으로 만든다. 반면, 근대 자연주의의 탈주술화된, 납작해진 물질은 실제로 물질을 무로 녹여 버린다. 따라서 그리스도인만이 제대로 유물론자가 될 수 있다!

이 그리스도교 유물론 때문에 공교회적 포스트모더니즘(혹은 포스트모던 공교회성)은 두 가지 차원에서 성례전성을 긍정한다. 한편으로, 공교회적 포스트모더니즘은 일반적인 성례전성을 긍정한다. 즉, 하나님 자신이 물질성을 선한 것으로 여기시기 때문에, 온 세계는 하나님께로 향하는 창문이자 하나님이 은혜를 베푸시는 수단으로 기능하는 잠재성을 지니고 있다. 우리는 이를 창조 자체에서뿐만 아니라 성육신이 창조를 다시 긍정하는 데서도 볼 수 있는데, 하나님은 성육신을 통해 육체의 선함에 거하시기를 기뻐하신다. 더나아가, 물질성은 우리가 몸의 부활을 소망하는 데서 종말론적 긍정을 얻는다. 미래의 왕국조차도 성례전성을 지닌 물질적 환경일 것이다. 다른 한편으로, 성육신적 존재론과 인간학을 우리가 앞서 살펴본 시간과 전통에 대한 긍정과 연결해 보면, 공교회적 포스트모더니즘 역시 특별한 성례전성 — 세례와 성만찬이라는 성례전에서의 특별한 현전과 은혜의 수단—을 긍정한다. 따라서 제대로 된 포스트모던 교회론은 세례와 성만찬 예식에 대한 지극히 근대적인 (또한 츠빙글리적인) 관념의 승리를 극복하고 더 두꺼운, 더 성례전적인 예배의 실천을 회복해야 한다.

그리스도인(또는 지금 내가 '포스트모던 공교회인[catholics]'이라 부르는 사람)만이 제대로 유물론자가 될 수 있다는 제안이 이상해 보인다면, 이와 관련된 어떤 주제에서도 이와 비슷하게 첫인상의 반전을 발견할 것이다. 바로, 가톨릭주의가 이른바 성을 억압하는 빅토리아 시대의 정신이라고 추정하지만 실제로 가톨릭주의의 뿌리에는 몸을 다루는 풍부한, 긍정의 신학이 있다는 것이다. 성육신에 대한 긍정을 기초 삼아, 와이글은 시스티나 경당(Sistine Chapel)에 대한 일종의 주석을 제공하여 시스티나 경당이 "인간 몸의 신학의 성소"[56]라는 요한 바오로 2세의 결론에 도달하는 데 도움을 준다. 창조의 선함을 긍정하는 성례전적 상상력은 눈에 보이는 것에서 보이지 않는 것의 존재를 긍정하는 도상적(iconic) 상상력—몸의 지저분함을 '들어 올려' 생물학적 기계 이상의 존재가 되게 하는 것—에 생기를 불어넣었다. 와이글은 이렇게 요약한다. "인간 몸은 도상이다." 이것이 시스티나 경당(편지 8)에 그려져 있고 일종의 천국의 '전실'(편지 12)인 샤르트르 대성당의 아름다움을 강화한다면, 요한 바오로 2세는 이를 가장 강력하게 표현했다. "당신이 상상할

56   같은 책, p. 130.

수 있는 얌전함과는 거리가 먼 태도로 성 혁명에 대한 논쟁을 받아들이는 움직임으로, 요한 바오로 2세는 신실하고 풍요로운 결혼이라는 결속 안에서 이루어지는 성적 사랑은 그야말로 하나님 자신의 내적 삶의 도상이라고 명시했다."[57] 교황이 시스티나 경당 안에 있는 나체화를 보고 당황했으리라고 생각한 「뉴욕 타임스」 기자의 가정과는 반대로, 요한 바오로 2세는 1979년에서 1984년 사이에 일반 청중을 대상으로 한 129번의 연설에서 몸의 신학을 꾸준히 개괄했다. 와이글은 체화와 섹슈얼리티에 대한 이런 긍정이 현대 맥락에서 얼마나 대항문화적인지 훌륭하게 보여 준다.

성육신을 진지하게 받아들이는 것은 몸을 진지하게 받아들이는 것을 의미하며, 이는 계시와 은혜의 장으로서 몸이 차지하는 공간을 긍정하는 것을 의미한다. 성례전적 상상력은 우리의 제자도가, 생각을 지성에 전달하는 것만이 아니라—이것이 주된 것도 아니다—하나님이 우리를 부르신 모습과 같은 사람이 되도록 우리를 형성하는 체화된 실천과 의례에 몰입하는 데 달려 있다는 가정에서 출발한다. 예전 없이 행할 수 있는 것은 데카르트의 '생각하는 사물'뿐이다. 고대에서든 포스트모던에서든 우리 체화된 피조물에게는 의례와 예전의 리듬이 제자도와 형성을 가능하게 하는 은혜로운 실천이다. 따라서 포스트모던 예배는 그리스도교 전통의 미학적 측면을 회복하여 공동체 안에서 우리 상상력의 방향을 재조정하는

---

57   같은 책, p. 131.

수단―우리의 사랑을 재정돈하는 수단―으로 삼는다.[58] 우리는 명제가 아니라 이야기를 위해, 주요 논점이 아니라 드라마를 위해 창조되었다. 누군가가 주장했듯, 인류는 산문만으로 살 수 없다.[59] 하나님이 육신이 되신 이야기는 파워포인트 '메시지'라는 좁은 인지적 교훈주의보다는 정서적 예배의 시와 그림으로 가장 잘 드러난다. 제대로 된 포스트모던 예배는 모든 감각―듣기('메시지'뿐만 아니라 설교된 말씀의 시를), 보기(시각 예술, 도상성, 예배 공간의 건축술을 새로이 인식하면서), 만지기(공동으로 참여하는 것뿐만 아니라 그리스도의 몸인 빵을 만지는 것), 맛보기(몸과 피를), 냄새 맡기(새 언약의 잔에 담긴 포도주뿐만 아니라 초와 향에서 나는 예배의 향기도)―을 활성화하는 예전적 예배의 통전적이고 온전한 물질성을 되찾음으로써 그런 환원주의에 저항한다. 하나님이 인간의 몸을 입으심으로써 우리의 몸도 예배를 드리고 신성에 참여하게 된다.

마지막으로, 근원적으로 정통적이고 성육신적인 비전이 시간과 전통을 진지하게 받아들이고 몸과 공간의 선함을 긍정한다면, **장소**

---

58 예전과 성례전성, 그리고 이를 뒷받침하는 참여의 존재론에 관한 더 자세한 내용은 내가 쓴 *Introducing Radical Orthodoxy*, chap. 6을 보라.

59 *Alternative Worship: Resources from and for the Emerging Church*, compiled by Jonny Baker and Doug Gay, with Jenny Brown (Grand Rapids: Baker, 2003), p. 63을 보라. 저자들은 레스 머리(Les Murray)가 교회의 언어로서 전체 말하기를 회복하자고 요청하면서 환원적 근대성의 "좁은 말하기"와 보다 상상력 넘치는 "전체 말하기"를 구분한 것을 인용한다. 이 "시적 담론"은 "말(speech)의 제주술화와 재신화화를 나타내는데, 여기서 말은 상징, 이미지, '신화', 은유의 중요성을 인식할 뿐만 아니라 음악과 시각 예술로 공간과 시간을 공유함으로써, 그리스도교적 상상력을 반영한다"(같은 곳).

에 대해서도 신중하게 생각할 것이다. 근원적으로 정통적인 비전은 뚜렷한 예전과 미학뿐만 아니라 뚜렷한 지리학을 수반한다. 근대성이 영원성을 추구하는 비역사적 경향과 인간을 단지 생각하는 사물로 여기는 비체화적 관념을 조장한다면, 이는 공간과 지역으로부터의 단절도 조장하게 된다. 데이비드 마츠코 매카시(David Matzko McCarthy)는 이를, 굳어진 것은 모두 사라진다는 마르크스의 유명한 말처럼 (현대, 자본주의) 시장의 헤게모니가 증가하는 것과 관련 짓는다. 매카시는 "우리 근대의 성장 경제는 사람과 사물에 대한 우리의 애착이 피상적이기를 요구한다. 우리는 시장을 따라가기 위해 분주하게 움직여야 한다."[60] 우리는 국내외를 넘나들며 점점 더 많이 이동하고 있을 뿐만 아니라, 근대의 시장이 우리를 한 장소에서 아주 오래 만족하지 못하는 사람으로 만든다는 사실을 알게 된다. 도시의 작은 집으로는 더 크고 더 나은 집을 향한 욕망을 충족시킬 수 없기 때문에, 우리는 필요한 면적과 적당한 수의 차고(3개가 새로운 표준이다)를 확보하기 위해 교외로 시장이 주도하는 순례를 떠난다. 이것이 SUV라는 고독한 공간에서 통근하는 시간이 늘어난다는 것을 의미하더라도 말이다. (데카르트는 '생각하는 사물'을 생각해 내기 위해 자신의 방으로 물러나야 했다. 우리는 이런 유아론[solipsism]을 강화하기 위해 주간고속도로 제95호선을 타고 장시간 운전해야 한다.)

교외 지역은 전형적으로 근대적이라서 복음주의 교회가 시장을

---

60   David Matzko McCarthy, *The Good Life: Genuine Christianity for the Middle Class* (Grand Rapids: Brazos, 2004), p. 42.

따라갈 뿐만 아니라 이 교외 환경에서 '엄청나게 거대한'(mega) 형태로 번창하는 것이 놀라운 일은 아니라고 말할 수도 있겠다. 예를 들어, 근대적 시설을 갖춘 캔자스시티의 제일가족교회에는, 플라즈마 화면 TV로 둘러싸인 광활한 로비, 푸드 코트가 받치고 있는 널찍한 반스앤노블 같은 서점, 어린이를 위한 그리스도교 버전 마법 왕국(바코드를 찍어야 주일 학교에 입장할 수 있는 곳)으로 들어가는 입구가 있다.[61] 하지만 제일가족교회가 어긋나 있다는 사실을 가장 잘 보여 주는 신호는 마치 금속 해자처럼 교회를 둘러싼 광활한 차량의 바다다. 주차장 끝에서 체육관 같은 예배당 입구까지 거리가 점점 멀어지기 때문에(이 건물은 실용주의적 복음주의의 성상파괴주의를 조장한다), 큰 골프 카트가 단정하게 차려입은 가족들을 예배당으로 실어 나르기 위해 방문객을 맞이한다. 예배가 끝나면, 교외로 흩어지는 SUV 차량들이 출구로 향할 수 있도록 주차 요원들이 안내한다.[62]

---

61 메가처치 현상을 비판적 시각으로 본 연구는 James B. Twitchell, *Branded Nation: The Marketing of Megachurch, College Inc., and Museumworld* (New York: Simon & Schuster, 2004), pp. 47–108을 보라. 『대학 교회 박물관의 브랜드 마케팅 스토리』(김앤김북스).

62 물론 이와 동일한 무(無)장소성과 이동성은 사람들이 멀리서 와서 모이는 도시 회중—'다양한' 지역사회에서 예배하고 싶지만 꼭 거기서 살고 싶지는 않은 사람들—에게도 해당할 수 있다. 그래서 장소에 헌신하는 '교구' 신학을 제정하지 못하는 것은 교외에 있는 교회만의 문제가 아니다. 그저 도시 중심부에 위치해 있다고 해서 회중이 교구가 되는 게 아니다. 반대로 교외에 있는 교회가 실제로는 더 제대로 '교구'를 지향할 수도 있다. 이 문제를 계속해서 고민하도록 나를 밀어붙인 브라이언 맥클라렌에게 감사를 전한다.

이렇게 교외의 회중 가운데서 '예배'하기 위해 오가는 SUV 차량 행렬은 공교회적 교회의 근원적으로 성육신적인 고백보다는 데카르트적 근대성의 비체화적·반성육신적 세계관 덕분에 나타난 결과다. 제대로 성육신적인, 더 집요한 포스트모던 교회가 되는 것은 성례전적이고 체화된 예배 양식을 수반할 뿐만 아니라 우리가 예배를 드리는 장소에 대한 숙고로 이어진다. 그리스도교 에클레시아(*ekklēsia*)는 예전적일 뿐만 아니라 지역적이어야 한다. 마음뿐만 아니라 이웃도 변화시켜야 한다. 에클레시아의 예배는 제자도뿐만 아니라 정의를 촉진해야 한다—즉 정의에 대한 열정을 품은 제자를 양성해야 한다.

내가 제안해 온 것처럼 이머징 교회가 공교회적이어야 한다면, 교구 사역이라는 개념도 회복해야 한다.[63] 포스트모던 교회는 무엇보다도 근대성의 이면에 짓밟힌 사람들, 즉 우리가 사는 도시 중심부에 거주하는 사람들을 기꺼이 포용해야 한다. 그러기 위해서는 포스트모던 교회가 제자리를 지키는 게 중요하다. 즉, 교회는 미국 교외의 안락한 환경에서 새로운 회중을 '개척'하려 하기보다 도시 내에 있는 기존의 회중과 지역사회를 소생시키는 데 진력할 때 제대로 포스트모던적인 교회가 된다. (정말로 나는 교회 '개척'이 주어

---

63   구체적인 사례 연구에 기반하면서 이런 노선을 따르는 논의는 Mark Mulder, "A Dissonant Faith: The Exodus of Reformed Dutch Churches from the South Side of Chicago" (Ph.D. diss., University of Wisconsin – Milwaukee, 2003), 특히 pp. 141 – 208 에서 장소 문제와 교회 정치체(polity)의 상호 관계를 다룬 내용을 보라. 멀더는 교구에 대한 감각을 회복하는 것이 정의의 필요조건이라고 주장한다.

진 지역사회의 지저분함을 감당하기보다는 새것에 심취하고 깨끗한 기반에서 일하고 싶어 하는 데 여념이 없는 다소 근대적인 현상은 아닌지 의구심이 든다. 새로 짓는 일은 보수하는 일보다 늘 쉽다. 그러나 기존 지역사회에 주어져 있는 조건과 껄끄러움에는, 차선책을 만들거나 심으려는 우리의 자율적 꿈에 도전하는 무언가가 있다. 건축 비유를 받아들일 수 있다면, 나는 새로운 개발이 주는 담백함보다는 1900년대부터 복원한 아트앤크래프트 주택[Arts and Crafts home]을 택할 것이다.)

에릭 제이컵슨(Eric Jacobsen)이 주장하듯, 반성육신적인 교외 이탈의 시대에 성육신적 사역은 단순히 보행자 도로를 위해 기도하는 것을 의미할 수도 있다.[64] 체화된 예배는 우리가 예배하는 장소와 공생 관계를 맺어야 한다. 즉, 이웃은 때로 실제 옆집 사람을 의미한다. 말씀이 육신이 되어 우리 가운데 거하셨다면 이는 교회를 위한 성육신적 지리학으로 번역되어, 실용주의적 복음주의가 너무 흔하게 받아들이는 근대성의 비체화적 추상성에 대항해야 한다. 우리는 근대성이라는 생각뿐만 아니라 근대성이 낳은 실천에도 대항해야 하는데, 그 가장 교활한 실천 중 하나는 도시 지역사회의 지저분한 현실에서 도피하는 일을 포함한다. 보행자 도로는 데카르트적

64　Eric Jacobsen, *Sidewalks in the Kingdom: New Urbanism and the Christian Faith* (Grand Rapids: Brazos, 2003), p. 84를 보라. 제이컵슨은 이 주제를 탁월하게 소개하는데, 다만 자신의 관심사를 포스트모더니즘과 관련지어 다루지는 않는다. 장소의 성육신 신학을 더 살펴보려면 T. J. Gorringe, *A Theology of the Built Environment: Justice, Empowerment, Redemption* (Cambridge: Cambridge University Press, 2002)을 보라.

자율성에 위협이 될 수 있겠지만, 은혜가 깊이 임하게 하는 수단이 될 수도 있다.

근원적 정통주의를 교회로 데려오기

근원적으로 정통적인 교회는 아마 로마적이지는 않더라도 가톨릭적(공교회적)인 교회다. 우리가 데리다, 리오타르, 푸코와 함께 둘러본 교회의 핵심 요소가 바로 이 공교회성이다. 다시 말해, 우리는 이 불경한 파리지앵 삼위일체가 자기도 모르는 사이에 이미 교회와 실천에 대한 더 성육신적인, 심지어 근원적으로 정통적인 이해가 지닌 요소를 가리키고 있음을 알 수 있다. 이것은 일종의 고래타기다. 전통적 정체성에서 힘을 부여하는 핵심을 창조적으로 되찾되, 탈근대성 안에서 탈근대성을 위해 연출하는 것이다. 이런 프로젝트에 동기를 부여하는 것은 향수를 불러일으키는 전통주의 혹은 근대성의 침식 효과에 대한 두려움이 아니라, 원래 우리는 전통으로 만들어진 피조물로서 우리가 제대로 전통적일 때 우리의 정체성을 찾을 수 있다고 가정하는 성육신의 논리다. 파이키아가 위험을 무릅쓰고 조상들의 언어로 기도한 것처럼, 우리는 우리가 앞으로 나아갈 길이 고대의 경로를 따르는 길일 수 있다는 점을 숙고해야 한다. 앞서 포스트모던 교회를 둘러보면서 이미 확인했던 것들은—말씀의 중심성, 전례독서 사용, 예술과의 관계, 의례 훈육으로서 실천 — 이제 시간(전통)과 공간(체화)에 대한 성육신적 긍정에 의해 뒷받침되는 것으로 볼 수 있다.

근원적으로 정통적인 교회에 들어설 때, 우리는 공동체의 특정한 '인체 공학'으로 조직된 공간으로 들어서는 것이다. 지역 교구 구성원이 제작한 그릇에 성만찬이 담겨 있고, 성만찬이 놓인 식탁 주위에 다양한 의자가 동심원을 이루며 배치되어 있다. 이러한 공간 구성은 예배의 각 단계에서 회중의 구성원들이 다른 구성원들과 마주한다는 것을 의미한다. 그들은 서로를 보며 서로에게 보이는데, 이는 타자 안에서 우리를 마주 대하시는 하나님의 도상적 시선을 떠올리게 한다(마 25장). 예배 공간은 또한 빛과 어둠의 역학을 따라 조직된다. 초현실적인 스테인드글라스는 예배당 곳곳에 채색된 빛을 비추고, 예배당 가장자리에 있는 경당에서 초가 깜빡이면 빛과 그림자가 어른거린다. 몇몇 화면에서 보이는 움직이는 디지털 이미지는 일종의 디지털글라스로 기능하며 우리를 예배 안으로 이끈다.[65] 전통적인 성상 — 측면 경당 가운데 한 곳에서 볼 수 있다 — 과 마찬가지로 이 디지털 이미지는 초월을 향한 창문으로 기능한다. 그러나 우리를 참여의 예배로 이끄는 것은 시각 예술만이 아니다. 우리가 예배당에 들어서자마자, 초가 타며 내는 향은 우리가 방금까지 있다가 나온 콘크리트 밀림과는 다른 느낌을 전달하며, 이

---

65   이런 종류의 시각적 자료는 sacramentis.com을 보라(이 링크는 2023년 8월 현재 유효하지 않다 — 옮긴이).

경험은 MTV와 영화의 향기 없는 수동성과도 구별된다.[66] 경당 가운데 한 곳에서는 색소폰, 더블 베이스, 리드 기타, 하모니카, 연주용 톱으로 구성된 재즈 콤보의 연주처럼 예상치 못한 앙상블이 별난 분위기를 풍긴다.

아프가니스탄에서 온 성가 형태의 아카펠라는 우리가 예배에 더욱 집중하도록 신호를 보낸다. 이어서 회중 가운데 재능 있는 시인 한 사람이 시를 낭송하며 가족들을 식탁 주위로 모이게 한다. 그다음에는 신앙 찬송가, 전 세계의 합창곡, 시편 40편을 바탕으로 만든 U2의 "40" 등을 가져온 다양한 앙상블이 노래를 통해 우리를 예배로 인도한다. 전례독서의 구약 본문을 읽으면 드라마와 예전적 춤이 펼쳐지고, 복음서를 읽는 동안에는 색소폰으로 부는 감정 충만한 성가가 뒤를 받쳐 준다. 설교는 서신서에 초점을 맞추어, 정말로 중요한 것을 따라 회중이 자기 욕망의 방향을 조정하도록 도전한다(빌 1:9-10). 이제 예배는 궁극적으로 우리의 정체성 및 형성의 기회를 나타내는 두 가지 중요한 공동의 경험을 우리에게 보여 준다. 첫째, 이번 주에 어느 젊은 가족이 딸을 데리고 세례를 받으러 왔다. 부모는 16세기 위그노파의 아름다운 세례문을 사용해, 딸이 신앙 안에서 형성되는 모습을 보고 싶다는 욕망과 열정을 표현하고, 우리도 회중으로서 이 딸을 그리스도 안에서 함께 양육하는 마

---

66   우리는 또한 질 좋은 수마트라 (공정무역) 커피—포스트모던 교회의 새 포도주!—의
       향을 맡을 수 있다.

을이 되리라 서약한다.[67] 둘째, 아기 앤시아는 가족과 함께 식탁으로 올라와 그리스도의 식탁에서 맞이하는 그녀의 첫 식사, 바로 성만찬에 참여함으로써 새로이 그리스도의 몸 안으로 환영받는다. 앤시아는 형제자매 및 부모와 함께 식탁에 앉아 있다. (앤 섹스턴[Anne Sexton]의 시를 동반하여) 식사를 축성하고서, 집례자는 교회 가족의 새 구성원인 앤시아와 함께 식탁에 앉아 그리스도의 몸과 피를 나누도록 회중을 초대한다. 앤시아의 부모는 우리가 교제와 성만찬의 식탁에 잠시 앉아 있을 때 우리 각 사람에게 포도주를 따르고 빵을 떼어 준다. 우리가 식탁을 오가는 동안 앙상블은 예배당에 울려 퍼지고, 악기 소리는 예배 공간 앞뒤로 튀면서 공명한다. 디지털글라스는 우리 공동체—우리 교구라는 지역적 공간—의 아이들을 보여 주는 이미지로 전환된다. 우리는 앤시아에게 헌신하는 것이 공동의 헌신이자 공동체에 헌신하는 일임을 떠올린다.

예배 마지막에, 우리는 월요일에 있는 이웃 협동주택 프로젝트 모임을 떠올리면서, 안식일을 위해 경제 활동을 삼가자는 결심을 떠올리면서, 기다리고 계신 왕의 대사로서 이웃에게 파송된다. 이웃이기도 한 교구민들과 함께 걸으며 집으로 돌아오면서, 우리가 독특한 사람들이라는 감각은 더욱 확고해진다.

그러므로 근원적으로 정통적인 교회는 전통적이라 하더라도 전통주의는 아니다. 반복으로 이루어진 틀에 박힌 암기 체계가 아니

---

67   Tod Bolsinger, *It Takes a Church to Raise a Christian: How the Community of God Transforms Lives* (Grand Rapids: Brazos, 2004)를 보라.

라, 하나님의 백성으로서 우리를 구성하는 핵심 특징을 창조적으로 반복하는 것이다. 향수에 젖어 '우리가 해 왔던 방식'으로 후퇴하는 게 아니라, 근대성의 시장과 제국의 관행에 대항하는 주체로 다르게 형성될 수 있게 하는 매우 물질적인 수단인 고대의 실천을 역동적으로 재전유하는 것이다. 근원적으로 정통적인 교회는 포스트모던 공교회 신자를 형성하기 위한 공간이다.

주석을 단 참고문헌
: 포스트모더니즘과 그리스도교 신앙 더 깊이 읽기

이 책에서는 탈근대성 속 그리스도교 신앙의 형태에 대한 생각을 겉부분만 살짝 긁어 보았을 뿐이다. 이 주제에 더 깊은 관심을 갖고 있는 사람들에게 도움이 될 만한 책을 소개한다. 별표(*)가 붙어 있는 책은 조금 더 전문적이다.

Baker, Jonny, and Doug Gay, with Jenny Brown. *Alternative Worship: Resources from and for the Emerging Church.* Grand Rapids: Baker, 2004.

훌륭하고 독특한 책으로, '한 손은 과거에, 다른 한 손은 미래에' 두는 대안 예배를 위한 구체적인 예배 및 예전 자료를 제공한다. CD-ROM이 포함되어 있다. 탁월한 자료다.

*Benson, Bruce Ellis. *Graven Ideologies: Nietzsche, Derrida, and Marion on Modern Idolatry.* Downers Grove, IL: InterVarsity, 2002.

어떻게 포스트모더니즘을 우상 비판으로 볼 수 있으며 따라서 그리스도교 신앙도 흔쾌히 받아들일 수 있는지 논증하는 책.

Dawn, Marva. *Reaching Out without Dumbing Down: A Theology of Worship for This Urgent Time*. Grand Rapids: Eerdmans, 1995.『예배, 소중한 하늘 보석』(예배와설교아카데미).

던은 탈근대성에 대해 비판적인 경향이 있지만, 이는 주로 단순히 탈근대성을 근대성과 동일시하기 때문이다. 던은 '구도자에 민감한' 교회 모형이 포스트모던적이라고 보는 반면, 나는 그 모형이 철저하게 근대적이라고 말하고 싶다. 결국, 풍부한 예전이 해독제라는 던의 제안은 내가 보기에 포스트모던적이다.

Hauerwas, Stanley. *A Better Hope: Resources for a Church Confronting Capitalism, Democracy, and Postmodernity*. Grand Rapids: Brazos, 2000.

탈근대성 문제와 관련해서 하우어워스가 쓴 거의 모든 글을 추천하는데, 이 책에서 그는 이 문제를 정면으로 다룬다. 생각보다 쉽게 접근할 수 있다.

*Hughes, Graham. *Worship as Meaning: A Liturgical Theology for Late Modernity*. Cambridge: Cambridge University

Press, 2003.

이 책에서는 후기 근대성 속에서 우리가 사용할 수 있는 의미에 의존하면서도 도전하는 상징의 망을 예배가 어떻게 짜는지 숙고한다.

Kitchens, Jim. *The Postmodern Parish: New Ministry for a New Era*. Herndon, VA: Alban Institute, 2003.
흥미로운 책. 브라이언 맥클라렌과 스탠리 하우어워스의 만남과 같다.

McLaren, Brian D. *The Church on the Other Side: Doing Ministry in the Postmodern Matrix*. Grand Rapids: Zondervan, 2000. 『저 건너편의 교회』(낮은울타리).
탈근대성이 근원적으로 새로운 시대라며 칭송하는 방식이 다소 현란하긴 해도, 이 책에서는 현대 세계에서 교회가 스스로를 다시 생각할 수 있는 매우 구체적인 전략을 다룬다. 나는 대체로 맥클라렌이 지닌 교회에 대한 비전이 (웨버처럼) 더 성례전적이었으면 하는데, 그래도 이 책은 여전히 유용하다.

____. *A Generous Orthodoxy: Why I Am a Missional, Evangelical, Post/Protestant, Liberal/Conservative, Mystical/Poetic, Biblical, Charismatic/Contemplative, Fundamentalist/Cal-*

vinist, *Anabaptist/Anglican, Methodist, Catholic, Green, Incarnational, Depressed-Yet-Hopeful, Emergent, Unfinished Christian.* El Cajon, CA: Emergent Youth Specialties; Grand Rapids: Zondervan, 2004. 『기독교를 생각한다』(청림출판).

이 책에서는 어려운 질문을 솔직하게 다루면서 고백적 양식으로 신학을 제안한다. 교회가 선교적이라는 점에 관해 쓴 5장은, 해당 장만으로도 책값을 한다.

____. *A New Kind of Christian: A Tale of Two Friends on a Spiritual Journey.* San Francisco: Jossey-Bass, 2001. 『새로운 그리스도인이 온다』(IVP).

이 책은 어느 정도 논쟁을 불러일으킴으로써 이머징 교회 논쟁을 널리 알렸다. 대화/소설로 쓰인 이 책은 탈근대성의 기초 질문을 제기하며 의심과 불안을 정면으로 다루고 있다. 강력히 추천하며, 소그룹 토의를 위한 훌륭한 책이다. 다음 책들과 함께 3부작으로 확장되었다. *The Story We Find Ourselves In: Further Adventures of a New Kind of Christian* (San Francisco: Jossey-Bass, 2003); *The Last Word and the Word after That: A Tale of Faith, Doubt, and a New Kind of Christianity* (San Francisco: Jossey-Bass, 2005).

Middleton, J. Richard, and Brian J. Walsh. *Truth Is Stranger Than It Used to Be: Biblical Faith in a Postmodern Age.* Downers Grove, IL: InterVarsity, 1995.『여전히 우리는 진리를 말할 수 있는가』(IVP).

고전이 된 *Transforming Vision: Shaping a Christian World View* (Downers Grove, IL: InterVarsity, 1984,『그리스도인의 비전』, IVP)의 저자들이 쓴 이 책은, 포스트모더니즘에 관여한다는 뉘앙스를 가장 먼저 내비친 책 가운데 하나다. 성경적으로 아주 강하게 관여한다.

Raschke, Carl. *The Next Reformation: Why Evangelicals Must Embrace Postmodernity.* Grand Rapids: Baker, 2004.

현실 세계의 사역에 폭넓게 참여한 전문 철학자가 쓴 포스트모던 사상 입문서. 이론과 실천 모두를 구체적으로 다룬 보기 드문 책이다.

*Smith, James K. A. *The Fall of Interpretation: Philosophical Foundations for a Creational Hermeneutic.* Downers Grove, IL: InterVarsity, 2000.『해석의 타락』(대장간).

이 책에서는 데리다(그리고 다른 사람들)를 더 자세히 다루면서, 해석은 피조물 됨에 따른 구성적(그러므로 선한) 특징이라고 주장한다.

*__. *Introducing Radical Orthodoxy: Mapping a Post-secular Theology*. Grand Rapids: Baker, 2004. 『급진 정통주의 신학』 (기독교문서선교회).

이 책에서는 현대 신학에서 매우 중요한 감수성을 소개하고, 적어도 이 감수성이 예배와 제자도에서 어떤 차이를 낳는지 지적한다.

Walsh, Brian J., and Sylvia C. Keesmaat. *Colossians Remixed: Subverting the Empire*. Downers Grove, IL: InterVarsity, 2004. 『제국과 천국』(IVP).

탈근대성 맥락에서 성경 내러티브가 여전히 적실함을 보여 주는 뛰어난 '반(反)주석.' 유일무이하다.

Webber, Robert E. *Ancient-Future Faith: Rethinking Evangelicalism for a Postmodern World*. Grand Rapids: Baker, 1999. 『복음주의 회복』(기독교문서선교회).

술술 읽히는 이 책에서, 웨버는 내가 제안한 것과 같은 주장을 펼친다. 진정으로 포스트모던적인 교회는 지극히 역사적이고 (고대의 유산을 회복하고) 예전적이다(상징과 성례전을 통해 상상력을 활성화한다).

___. *The Younger Evangelicals: Facing the Challenges of the New World.* Grand Rapids: Baker, 2002. 『젊은 복음주의자를 말하다』(죠이선교회).

여기서 웨버는 이머징 교회의 상황에 대한 보고서를 제출하면서, 전통적 복음주의자, (구도자에 민감한) 실용주의적 복음주의자, 젊은 복음주의자의 차이를 보여 준다. 예배, 청소년 사역, 제자도, 예술 등에 대한 특유의 구체적인 제안을 곁들인 진단과 예후를 제시한다. 훌륭한 책이다.

온라인 자료

포스트모더니즘과 그리스도교 신앙에 관한 주석을 단 참고문헌을 보완하기 위해, 탈근대성 속 교회의 형태를 더 자세히 살펴볼 수 있는 웹 기반의 몇몇 자료를 골라 제시한다.[1]

The Ooze (http://www.theooze.com)

이머징 교회에 대해 생각하기 위한 '바로 그' 사이트다. 문화, 신앙, 사역의 범주에 따라 정기적으로 기사가 올라오고 정리된다. 또한 신간 도서, 다가올 행사에 대한 정보를 제공하며, 온라인 토론방을 통해 다른 사람들과 소통할 수 있는 기회도 제공한다. 디자인도 훌륭하다.

Emergent (http://www.emergentvillage.com)

더욱 명확하고 직관적으로 활용할 수 있도록 다시 디자인했다. 논

---

1   James K. A. Smith 홈페이지(http://www.jameskasmith.com)에 모아 놓았다(2023 년 현재 제임스 스미스의 홈페이지는 물론 여기 소개한 사이트도 많이 바뀌었으며, 전혀 다른 성격의 사이트가 되었거나 도메인이 유효하지 않은 사이트도 있다. 2006년 시점에 소개하는 내용임을 염두에 두는 게 좋겠다―옮긴이).

문, 온라인 토론방, 다가올 이머징 모임과 콘퍼런스와 기타 행사에 대한 정보 등 유용한 자료가 있다. 이머전트 빌리지 e-뉴스레터에 가입할 수도 있다.

Ancient-Future Worship (http://www.ancientfutureworship.com)
로버트 웨버의 예배 연구소에서 운영하는 사이트. 『고대-미래적 신앙』(한국어판 『복음주의 회복』)의 통찰을 예배에 통합하려는 교회를 위한 몇몇 자료를 제공한다.

Sacramentis.com (http://www.sacramentis.com)
샐리 모건살러(Sally Morgenthaler)가 운영한다. 그는 교회가 고대적이고도 포스트모던적인 방식으로 예배를 다시 생각하도록 돕는 리더다. 수많은 지혜와 아름다운 이미지가 있는 사이트다.

The Ekklesia Project (http://www.ekklesiaproject.org)
에클레시아 프로젝트는 예수의 제자가 되는 것에 대한 보다 근원적인 이해에 대해 생각하려는 움직임으로, 교회의 대항문화적 소명을 강조한다. 논문과 온라인 잡지를 포함해 수많은 자료가 있다.

Journal for Cultural and Religious Theory (http://www.jcrt.org)
이 온라인 저널에서는 대륙철학, 신학, 종교학의 교차점에 있는 최상의 연구에 접근할 수 있다. 디자인도 훌륭하고 자료도 풍부하다.

찾아보기